rororo sport
Herausgegeben von Bernd Gottwald

Programme · Übungen · Lernhilfen

Hans-Dieter Trosse

Handball Praxis

Rowohlt

Originalausgabe

Redaktion Andreas Brinckmann
Layout Angelika Weinert
Umschlaggestaltung Büro Hamburg:
Jürgen Kaffer/Peter Wippermann
(Foto: Paul Schirnhofer)
Zeichnungen: Hans-Dieter Trosse
Fotos: Sportpressephoto Bongarts
Veröffentlicht im Rowohlt Taschenbuch Verlag GmbH,
Reinbek bei Hamburg, August 1990
Copyright © 1990 by Rowohlt Taschenbuch Verlag GmbH,
Reinbek bei Hamburg
Satz Times (Linotronic 500)
Gesamtherstellung Clausen & Bosse, Leck
Printed in Germany
1480-ISBN 3 499 18630 6

Inhalt

Grundlagen der Trainingsgestaltung 13

Die Kondition des Handballspielers 27

Krafttraining 33
Trainingsprogramm
- Allgemeine und spezielle Kraftentwicklung mit Hilfe von Kraftmaschinen 34

Maximalkrafttraining 36
Trainingsprogramm
- Maximalkraft 37

Schnellkrafttraining 39
Trainingsprogramm
- Start- und Sprintkraft 40

Wurfkraft 41
Trainingsprogramm I
- Verbesserung der Wurfkraft 42
Trainingsprogramm II
- Verbesserung der Wurfkraft 43

Sprungkraft 44
  Trainingsprogramm I
❑ Verbesserung der Sprungkraft 46
  Trainingsprogramm II
❑ Sprungkraft durch Niedersprungtraining 48
  Trainingsprogramm III
❑ Spezifisches Sprungkrafttraining 50

Kraftausdauer 51
  Trainingsprogramm
❑ Handballspezifischer Zirkel 54

Ausdauertraining 56
Trainingsmethoden der Ausdauer 57
  Trainingsprogramm I
❑ Intensive und extensive Dauerlaufmethode 61
  Trainingsprogramm II
❑ Intensive und extensive Intervallmethode 62
  Trainingsprogramm III
❑ Wiederholungsmethode 63

Schnelligkeitsausdauer 64
  Trainingsprogramm I
❑ Schnelligkeitsausdauer mit Gegenstößen 1:0 und 1:1 65
  Trainingsprogramm II
❑ Schnelligkeitsausdauer mit Gegenstößen 2:0 und 2:1 67

Schnelligkeitstraining 69
  Trainingsprogramm I
❑ Schnelligkeit mit Startübungen 71
  Trainingsprogramm II
❑ Starts mit Übergängen und Richtungswechseln 72
  Trainingsprogramm III
❑ Laufspiele und Staffeln 73

Beweglichkeit 75
Stretching 77
  Trainingsprogramm I
❑ Allgemeine Beweglichkeit 80
  Trainingsprogramm II
❑ Stretchingprogramm für Handballspieler 81

Koordination 83
Das Koordinationstraining des Handballspielers 85
Trainingsprogramm I
❏ Allgemeine Koordination 86
Trainingsprogramm II
❏ Spezielle Koordination für den Handballspieler 87

Das Training einfacher Techniken 91

Prellen oder Dribbeln 91
Trainingsprogramm
❏ Prellen 92

Passen und Annehmen 94
Trainingsprogramm
❏ Passen I 96
Trainingsprogramm
❏ Passen II 101
Trainingsprogramm
❏ Schlagwürfe 104

Fallwürfe 109
Fallwurf frontal 109
Trainingsprogramm
❏ Fallwürfe frontal 110

Drehfallwurf zur Wurfarmschulter 113
Drehfallwurf gegen die Wurfarmschulter 114
Trainingsprogramm
❏ Drehfallwürfe zur und gegen die Wurfarmschulter 115

Sprungwürfe 117
Sprungwurf mit Klapptechnik 118
Sprungwurf mit gebeugten Knien 119
Trainingsprogramm
❏ Sprungwürfe I 120
Trainingsprogramm
❏ Sprungwürfe II 123

Komplizierte Techniken 125

Täuschbewegungen 125
  Trainingsprogramm
  ❏ Täuschbewegungen 128

Kreuzen 134
  Trainingsprogramm
  ❏ Kreuzen 135

Sperren 138
  Trainingsprogramm
  ❏ Sperren 139

Das Training der Abwehr 143

Grundbewegungen in der Abwehr 143
  Trainingsprogramm
  ❏ Grundbewegungen in der Abwehr 145

Einzelblock 148
  Trainingsprogramm
  ❏ Einzelblock 149

Abwehr von Durchbrüchen 1:1 153
  Trainingsprogramm
  ❏ Abwehr von Durchbrüchen 1:1 154

Doppelblock 158
  Trainingsprogramm
  ❏ Doppelblock 159

Heraustreten und Sichern 162
  Trainingsprogramm
  ❏ Heraustreten und Sichern 162

Angriffskonzeptionen 167

Angriffskonzeption 171
Auftakt: Platzwechsel zwischen RL und LA 171
    Training der Angriffskonzeption Platzwechsel RL und LA 173

Übergänge 177

Übergang:
RM mit Durchbruch in die KML-Position 179
    Trainingsprogramm
    ❑ Übergang RM in die KML-Position 180

Übergang:
RM mit Durchbruch in die KMR-Position 182
    Trainingsprogramm
    ❑ RM mit Durchbruch in die KMR-Position 183

Tests 187

Allgemeine Kriterien
eines Testverfahrens 189

Spezielle Kriterien der Testverfahren
im Handball 190
    Testprogramm I
    ❑ Testübungen zur Bestimmung
    konditioneller Voraussetzungen 192
    Testprogramm II
    ❑ Testübungen zu einfachen Techniken 193
    Testprogramm III
    ❑ Tests zur Talentsichtung und Talentförderung 194

Spielbeobachtung 197

Der Spielbeobachtungsbogen 198
Auswertung 203

Trainingsplanung 205

Voraussetzungen für die Trainingsplanung 207
Der Trainingsplan 212

Anhang 217

Literaturhinweise 217
Der Autor 220
Abkürzungsverzeichnis 221
Zeichenerklärungen 222

Einführung

Das vorliegende Buch «Handball-Praxis» ist eine notwendige Ergänzung des Bandes «Handball – Training, Technik, Taktik», der seit über 10 Jahren als Standardwerk des Handballsports auf dem Markt ist.
Der Grundlagenband «Handball – Training, Technik, Taktik» beschreibt die technisch-taktischen Spielfertigkeiten, das Erlernen der Technik und das Anwenden der Technik unter spielnahen Bedingungen. Schwerpunkt ist dabei, die wichtigen Grundlagen des Handballspiels zu erkennen, sie zu analysieren und Methoden zu finden, wie sie dem Anfänger und Fortgeschrittenen nähergebracht werden können. Dabei wird von folgender Systematik ausgegangen:
1. Schritt: Orientierung über die Bedeutung der Bewegung.
2. Schritt: Analyse der Technik durch Zerlegung in einzelne Sequenzen.
3. Schritt: Entwicklung von Bewegungsanweisungen zum Erlernen der Bewegung.
4. Schritt: Beschreibung von Aufbauprogrammen mit Übungsfolgen, die es dem Trainierenden ermöglichen, die Bewegung methodisch sinnvoll zu erlernen.

Mit dieser Systematik werden die wichtigsten Grundtechniken und einige weitere kompliziertere Formen aufgearbeitet.
Das Wissen um die Struktur einer Bewegung und der methodischen Aufbereitung, den Wegen zum Erlernen von Bewegungen, muß eine Vervollkommnung durch Feinformung und Stabilisierung folgen. Hierfür gibt das jetzt neu vorgelegte Buch «Handball-Praxis» wichtige Hilfen, die auf die Grundinformationen von «Handball – Training, Technik, Taktik» aufbauen.
Das Erlernen der Bewegung ist die erste Stufe, das situationsgerechte Anwenden unter Spielbedingungen im Wettkampf ist der Schlußpunkt. Um dieses Ziel zu erreichen, genügt es nicht, die Bewegung mit Hilfe von Auf-

bauprogrammen herauszuformen. Notwendig ist eine weitere harte Arbeit im Training, um die Feinformung und Stabilisierung zu erreichen. Dazu müssen die Spieler mit Hilfe umfangreicher Trainingsprogramme ihr Trainingsziel zu erreichen versuchen. Durch das Angebot einer Vielzahl von Übungen, zusammengefaßt in Trainingsprogrammen, soll den Spielern geholfen werden, ihre Spielfähigkeit zu perfektionieren. Dem Trainer wird dazu mit «Handball-Praxis» ein Leitfaden an die Hand gegeben, mit dem er sein Training vorbereiten und systematisch aufbauen kann. «Handball-Praxis» ist nach folgender Systematik aufgebaut:

1. Stufe: Analyse der konditionellen Grundeigenschaften und Trainingsprogramme zur Schulung der Kondition des Handballspielers.
2. Stufe: Bewegungsanweisungen zu Techniken und Trainingsprogrammen zur Vervollkommnung und Stabilisierung der Bewegungen.
3. Stufe: Anwendung der technisch-taktischen Spielfertigkeiten in Angriffssystemen zur Entwicklung des Mannschaftsspiels.

Die Überlegungen zu Tests, Spielbeobachtung und Trainingsplanung sind notwendige Ergänzungen.

Voraussetzung für die Arbeit mit dem vorliegenden Buch ist nicht nur die Kenntnis über den Ablauf der Bewegung bei Trainern und Spielern, sondern vor allem die in Grob- bis Feinform ausgeprägte Bewegung. Unter dieser Rahmenbedingung entwickelt der Trainer seine Vorbereitungen zum Training. Nach der Bestimmung des Trainingszieles folgen die Überlegungen zur Methodik, und dann erfolgt die Zusammenstellung der Übungsformen.

Die Trainingsprogramme in «Handball-Praxis» sind immer nach einem, höchstens zwei Schwerpunkten aufgebaut und einer bestimmten technisch-taktischen Grundlage zugeordnet. Das betrifft auch die Trainingsprogramme zur Konditionsschulung. Der Trainer kann damit die Schwerpunkte und Schwierigkeitsstufen seiner Übungen je nach Trainingsziel festlegen und danach aus den entsprechenden Trainingsprogrammen die Übungen auswählen, die er mit den Spielern trainieren möchte.

Wichtig ist dabei, daß nicht zu viele Schwerpunkte in einer Trainingseinheit gesetzt werden. Vielmehr ist zu empfehlen, daß nur einige wenige Schwerpunkte ausgewählt werden. Die Übungen und Übungsfolgen werden zwar variabel gestaltet, sie enthalten aber immer wieder die gleichen Schwerpunkte. Damit wird gewährleistet, daß die Trainingsziele intensiv angestrebt bleiben und das Training nicht dem Zufall überlassen ist. Statt dessen soll es über einen längeren Zeitraum unter systematischen Bedingungen kontrollierbar und meßbar durchgeführt werden und so zu den gewünschten Zielen führen. Nur so läßt sich auf Dauer eine Leistungssteigerung im Training und im Spiel erzielen.

Grundlagen der Trainingsgestaltung

Grundregeln
- Eine Kette ist nur so tragfähig wie ihr schwächstes Glied.
  Wenn die Kette verstärkt werden soll, muß ihr schwächstes Glied verstärkt werden.

Aus dieser ersten Grundregel lassen sich wichtige Schlüsse für den Aufbau des Handballtrainings ziehen, denn nicht die starken und stärksten Spieler einer Mannschaft bestimmen letztlich den Erfolg einer Mannschaft, sondern die schwachen. Sie sind es, die besonders gefördert werden müssen. Jeder Trainer erkennt beispielsweise sehr schnell bei seinen Vorbereitungen zum Wettkampf, wo in der gegnerischen Abwehr die schwächsten Spieler stehen, und wird sein Angriffskonzept auf diese Schwachstellen hin ausrichten. Sehr häufig zu beachten ist beispielsweise, daß eine Mannschaft mit zunehmender Spielzeit, besonders aber in der zweiten Halbzeit, immer wieder einen «Einbruch» erlebt und während dieser Zeitspanne das Spiel verliert. Das kann verschiedene Ursachen haben. Zum einen sind es die jungen Spieler, die häufig nicht die Nervenstärke haben, um schwierige Situationen mit «klarem Kopf» zu überstehen, und zum anderen kann es an der mangelnden Kondition einiger Spieler liegen, die den Anforderungen des Spiels nicht mehr gewachsen sind. In beiden Fällen sind die Spielschwächen auf «Mangelerscheinungen» zurückzuführen, die einer Korrektur durch das Training bedürfen. Aus dieser Grundregel lassen sich zusammenfassend eine Reihe von interessanten Schlußfolgerungen ziehen:

- Die Problemstellen der Mannschaft müssen erkannt und durch geeignete Maßnahmen im Training verbessert werden.
- Die schwächsten Spieler sollten besonders gefördert werden.

14 Trainingsgestaltung

- Die schwächer ausgeprägten Spieleigenschaften sollten im Training gezielt verbessert werden.
- Die besonders nachteiligen und störenden Defizite in Kondition, Technik und Taktik sollten vorrangig beseitigt werden.
- Das gleiche gilt für Probleme im Bereich der psychischen Belastbarkeit.

Die Schwierigkeiten in der Mannschaft können vielfältig und umfangreich sein und beispielsweise von mangelnder Kondition mit verschiedenen Ausprägungen, ungenügender Wurfkraft oder Wurfkoordination, unterschiedlich entwickelter Verhaltensweisen im individuellen Angriff und in der Abwehr und wenig entwickeltes taktisches Verständnis bis hin zu gravierenden Motivationsproblemen beim Training und im Spiel reichen.
Alle Probleme auf einmal zu lösen ist unmöglich. Daher ist es sinnvoll, eine Art von Prioritätenkatalog zu entwickeln, der die Trainingsplanung bestimmt. Auf diese Weise können nach und nach schwerpunktartig die Fehler abgestellt werden.

- Die Gesamtbelastung eines Spielers durch Training, Schule, Beruf oder Berufsausbildung und Privatleben muß längere Zeit möglichst genau im Gleichgewicht stehen mit der Regeneration durch Ernährung, Schlaf und Erholung.

Die Erkenntnis dieser zweiten Grundregel findet in der Praxis oft zuwenig Beachtung. Wenn es also erst einmal zu einem Ungleichgewicht gekommen ist, lassen sich die entstandenen Schäden nicht so schnell beheben. Die Folge ist eine Stagnation in der Leistungsentwicklung nicht nur eines Spielers, häufig auch in der ganzen Mannschaft. Zum ernsten Problem wird eine solche Entwicklung, wenn sich daraus Konflikte in der Mannschaft, zwischen den Spielern oder zwischen Spielern und Trainer entwickeln. Ursache kann die Späterkennung der Gründe für ein solches Verhalten und darüber hinaus die Verschiebung der Lösung solcher Schwierigkeiten sein.
Ein solches Beispiel bietet die «Ausländerbehandlung». Viele Mannschaften spielen mit ausländischen Spielern. Die häufig nicht besonders sprachkundigen Spieler werden ihrem «privaten Schicksal» überlassen, d. h., außerhalb von Spiel und Training kümmert man sich nicht um sie. Die Folge: Frustration und Leistungsabfall mit vorprogrammierten Konflikten.
Auch aus dieser Regel lassen sich wichtige Schlußfolgerungen ziehen.
Wenn bei Spielern zunächst unerklärliche Leistungseinbrüche auftreten oder Motivationsabfall und sogar destruktives Verhalten erkennbar werden, müssen die Ursachen erforscht werden.
Die Fragen dazu:
– Wo wird der Leistungsabfall sichtbar?

- Wie sehen die Störungen in der Motivation aus?
- Woran entzünden sich die Konflikte?

Hier setzt die Ursachenforschung ein, und mit dem Erkennen der Symptome erfolgt der Versuch der Beseitigung der Störungen.
Dazu die Fragen:
- Wie ist sein Privatleben?
- Wodurch wird das Privatleben gestört?
- Hat er berufliche Probleme?
- Kann er sich ausreichend regenerieren?
- Ist er im Training unter- oder überfordert?
- Gibt es Konflikte mit anderen Spielern?

In diesem Bereich gibt es schwierige Situationen dadurch, daß die Trainer zuwenig Ursachenforschung betreiben und das Verhalten der ‹störenden› Spieler falsch deuten und somit auch falsch reagieren. Häufig ist es eigene Schwäche und Unsicherheit, meistens als Ergebnis hoher Leistungsanforderungen, die eine gelassene Situationseinschätzung verhindern. Hinzu kommt dann häufig noch eine mangelnde Fähigkeit zur Selbstkritik.

Gesetzmäßigkeiten

Die Leistungsentwicklung wird durch bestimmte Gesetzmäßigkeiten und der sich daraus ergebenden Trainingsprinzipien bestimmt. Dazu muß grundsätzlich festgestellt werden, daß Trainingsgesetze eine nicht beeinflußbare Gültigkeit besitzen. Diese Aussage soll mit einem Beispiel näher erläutert werden.

Eine erhöhte Beanspruchung des Körpers durch Training führt zu Anpassungserscheinungen im Organismus. Damit wird eine wichtige Grundregel des Lebens verdeutlicht, wonach Anpassung an veränderte Lebensbedingungen eine Voraussetzung für das Überleben darstellt (Hollmann, Hettinger 1980, 118).

Die Beanspruchung muß eine bestimmte Qualität besitzen, denn schwache Reize bewirken keinen Anpassungseffekt und zu starke Reize können eine Funktionsstörung hervorrufen. Wohldosierte Reize bewirken dagegen die beste Anpassung. Dabei richtet sich die Dosierung immer nach dem jeweiligen Leistungsstand des einzelnen Spielers. Es ist außerdem bemerkenswert, daß der Organismus mit einem geringen Aufwand eine vergleichsweise hohe Anpassung an die Veränderung der Anforderungen erzielt. Das heißt nichts anderes, als daß der Körper äußerst ökonomisch reagiert, nicht seine Leistungsreserven durch das Training abbaut, sondern nach einer Zeit der Erholung mit einer Vergrößerung der Leistungsreserven antwortet.

Hieraus lassen sich entscheidende Erkenntnisse für das Training ableiten: Richtiges Training bedeutet, daß Belastung unterschiedlich dosiert werden sollte und die Reize in Abhängigkeit vom Leistungsstand stehen sollten.

Außerdem benötigt der Körper ausreichende Pausen zur Erholung. Wenn diese Voraussetzungen für das Training beachtet werden, dann sind Steigerungen von Trainings- und Wettkampfleistungen möglich.

Der Trainer sollte sich bei seinen Trainingsvorbereitungen daran orientieren, welches Ziel er mit seinem Training erreichen will. Danach werden die Übungsfolgen konzipiert, die als spezifische Reize die gewünschte Anpassung hervorrufen sollen.

Beim Training der Schnelligkeitsausdauer mit Hilfe des Zirkeltrainings werden beispielsweise die Stationen des Zirkeltrainings, der Reizumfang (Dauer und Wiederholungen der Belastungen innerhalb der Trainingseinheit) und die Reizintensität (Stärke des einzelnen Reizes innerhalb einer Zeiteinheit, abhängig von der Bewegungsschnelligkeit und Größe des Widerstandes, gegen den die Bewegung ausgeführt werden soll) so aufeinander abgestimmt, daß die Verbesserung der Schnelligkeitsausdauer gewährleistet wird. Alle anderen Übungsformen, die dem Schwerpunkt nicht angepaßt sind, verzögern den Anpassungseffekt oder wirken sogar gegensätzlich zum Trainingsziel.

Die Anpassungsreaktion ist abhängig vom Leistungsstand des Trainierenden sowie von der Stärke der Reize und damit von der Belastung. Je besser der Trainingszustand des Trainierenden ist, desto höher ist die Reizschwelle, die er überwinden muß, um seine Leistungen zu steigern. Das bedeutet auch, daß der Leistungszuwachs immer geringer wird. Die Untersuchungen zum Leistungsverhalten im Vergleich von Anfängern und Fortgeschrittenen zeigen, daß die Anfänger zunächst einen enormen Leistungszuwachs zu verzeichnen haben, während die Fortgeschrittenen trotz höherer Belastung und Häufigkeit der Wiederholungen einen wesentlich geringeren Leistungszuwachs aufweisen (Nöcker, 4., 1980, 296). Für das Training ergibt sich aus diesen Erkenntnissen, daß die Belastungen immer weiter gesteigert werden müssen, um bessere Leistungen zu erreichen. Der Leistungszuwachs läßt sich aber nicht unendlich steigern. Physische Grenzen und die Trainingshäufigkeit setzen Grenzwerte, die nicht überschritten werden können.

Eine Problematik des Trainings in den unteren und mittleren Leistungsbereichen liegt in der geringen Trainingshäufigkeit, weil hier die Grenzen durch die äußeren Bedingungen gesetzt werden. Fehlende Hallenkapazitäten und Belastungen durch Beruf und Familie lassen oft eine Erhöhung der Trainingseinheiten nicht zu.

Eine Lösung bietet die Variation der Belastungen, vor allem durch die Steigerung der Intensität innerhalb einer Trainingseinheit, denn ein größerer Leistungszuwachs ist zu verzeichnen, wenn die Intensität des Trainings bei Verkürzung der Dauer erhöht wird.

Die Variationsmöglichkeiten des Trainers für einen erfolgreichen Aufbau des Trainings lassen sich folgendermaßen zusammenfassen:

(1) Gleichbleibende Trainingshäufigkeit bei Erhöhung der Intensität.
(2) Höhere Trainingshäufigkeit bei gleichbleibender Intensität und geringerem Umfang.
(3) Erhöhung des Umfangs und der Intensität bei gleichbleibender Häufigkeit.

Allgemein bieten sich unter den Bedingungen, die die meisten Trainer vorfinden, die ersten beiden Möglichkeiten an.
Die Analyse des Leistungsstandes der Spieler ist eine notwendige Voraussetzung für die Belastung des Trainings. Diese Analyse deckt die individuellen Leistungsunterschiede der Spieler auf und verhindert damit Unter- oder Überforderung im Training. Ein praktikabler Weg zur Verhinderung von Über- und Unterforderung ist die Bildung von Trainingsgruppen, die nach ihrem Leistungsstand zusammengestellt werden. Diese Gruppen trainieren belastungsmäßig so lange unterschiedlich, bis eine akzeptable Angleichung der Leistungen sichtbar wird. Ganz lassen sich die Unterschiede nie beseitigen, es genügt eine weitgehende Angleichung.

Grundprinzipien

Die Trainingsgesetze sind nicht beeinflußbare Größen, sie sind nur durch das Training erfolgversprechend anzuwenden. Dann garantieren sie die Realisierung der gesetzten Trainingsziele. Die Trainingsprinzipien dagegen sind zwar Grundsätze, die das Training regeln und damit zur Grundlage der Trainingsgestaltung werden; sie sind aber veränderlich, weil sie als methodische Schlußfolgerungen aus den Gesetzmäßigkeiten ständig Veränderungen unterliegen. Man kann von einer gewissen Gültigkeit der Prinzipien sprechen, die aber durch neue Erkenntnisse in Frage gestellt werden kann.
Bei der Analyse der Prinzipien wird deutlich, daß fast immer eine Reihe von Prinzipien gemeinsam wirkt und daß eine Trennung nur aus systematischen Gründen zulässig ist. Beste Beispiele dafür sind das Prinzip der Periodisierung und das Prinzip des langfristigen Trainingsaufbaus. Beide begründen eine systematische Trainingsplanung, das eine beschreibt Maßnahmen der langfristigen Planung, das andere den Planungszeitraum während eines Jahres.
(Die folgende Auswahl von Prinzipien bezieht sich auf Weineck 1980, 21 / Letzelter 1987, 41 / Trosse 1985, 27.)

Das Prinzip der Periodisierung
Die Periodisierung im Handballtraining umfaßt den Zeitraum eines Jahres. Dabei wird zwischen Vorbereitungs-, Wettkampf- und Übergangsperiode unterschieden. Innerhalb der einzelnen Perioden gibt es eine Differenzierung in verschiedene Abschnitte. Dieses Grundschema geht auf Matwejew zurück. Es wurde zunächst von allen Sportarten als Trainingsgrundlage übernommen. Inzwischen hat sich für das Handballspiel herausgestellt,

daß eine Periodisierung notwendig ist, weil die sportliche Form nicht ständig gehalten werden kann. Die Form der Periodisierung hat sich dabei zeitlich und inhaltlich verändert. In allen Leistungsbereichen des Handballtrainings zeigte sich, daß die klassische Dreiteilung in Vorbereitungszeit, Wettkampfzeit und Übergangszeit zwar immer noch gültig ist, daß aber die zeitliche Zuordnung und die Inhalte sich verändert haben. Ursprünglich war die folgende Ausgestaltung der Perioden üblich:

- Vorbereitungsperiode: Schulung von Kondition, Technik und Taktik,
- Wettkampfperiode: Halten der erworbenen sportlichen Form und Anwenden im Wettkampf,
- Übergangsperiode: Erholung und Reduzierung des Trainings.

Durch veränderte Voraussetzungen, wie beispielsweise einer Wettkampfplanung unter schwierigen räumlichen und zeitlichen Verhältnissen, durch Veränderung der sozialen und psychischen Einstellung der Spieler, durch neue Erkenntnisse der Trainingslehre, ergibt sich jedoch zur Zeit ein anderes Bild der Periodisierung. So wird die Vorbereitungszeit beispielsweise durch eine Urlaubs- oder Ferienpause im Juli unterbrochen, was zu einschneidenden Veränderungen in der Trainingsplanung zwingt. Nach den bisher gültigen Erkenntnissen der Trainingslehre ist eine solche Pause nicht vertretbar, aber durch eine geänderte Trainingsplanung und darauf abgestimmte Methoden, ist diese Unterbrechung heute kein Problem mehr. Sie kann als «Pause» zum festen Bestandteil der Periodisierung gerechnet werden. (Periodisierung siehe Seite 213.)

Das Prinzip des langfristigen Trainingsaufbaus
Ein langfristiger Trainingsaufbau umfaßt einen Zeitraum zwischen 10 und 15 Jahren und zeigt in den verschiedenen Sportarten unterschiedliche Ergebnisse. Das Erreichen der Leistung wird durch das Höchstleistungsalter und die Dauer der Entwicklung der Höchstleistung geprägt. Daher läßt sich nicht eindeutig sagen, wie lange der Anfänger braucht, um ein Handballspieler der Höchstleistungsstufe zu werden.

Gesichert ist die Systematik der Leistungsentwicklung durch die Dreiteilung nach Zeit und Inhalt des Trainingsaufbaus:

(1) Grundlagentraining
In dieser Zeit sollen konditionelle, technische und taktische Grundlagen allgemeiner Art entwickelt werden. Der Anfänger wird durch ein besonders motivierendes und vielseitiges Training zunächst an den Sport herangeführt. Dabei wird keine Leistungssteigerung durch Spezialisierung angestrebt, denn es hat sich gezeigt, daß eine frühe Spezialisierung eine spätere Stagnation, häufig verbunden mit einem Rückzug aus der Sportart, nach sich zieht.

Inhaltlich werden Übungen aus dem konditionellen, technischen und taktischen Bereich zur allgemeinen Entwicklungsförderung angeboten. In der speziellen Ausprägung des Handballspiels muß sehr vorsichtig und gezielt, angepaßt an Alter und Adressaten, vorgegangen werden. Ziel des konditionellen Grundlagentrainings ist es, eine breite Basis für die Kraft, Schnelligkeit, Ausdauer, Beweglichkeit und Koordination zu schaffen, wobei im Sinne der Sportart schwerpunktartig trainiert und geübt wird.

(2) Aufbautraining
In dieser Phase vollzieht sich der Übergang von der mehr allgemeinen Grundlage des Trainings zu den speziellen Formen des Handballspiels. Wenn man davon ausgehen kann, daß der Handballspieler mit rund 20 Jahren in das Höchstleistungsalter kommen kann, dann sollte das Aufbautraining zur Herausbildung der spezifischen Eigenschaften des Handballspiels mit 18 bis 19 Jahren beendet sein. Ziel des Aufbautrainings ist es, nicht nur die technisch-taktischen Voraussetzungen zu schaffen, sondern durch vermehrte Belastung im Training und Wettkampf eine Gewöhnung an die Trainingsmethoden des Höchstleistungsbereiches zu schaffen.
Im konditionellen Bereich sind es die Entwicklung der Sprung- und Wurfkraft und die Entwicklung der Schnelligkeit und der Schnelligkeitsausdauer, im technischen Bereich die Stabilisierung der Technik der Bewegungen und im taktischen Bereich stehen sowohl die Entwicklung der vielseitigen Anwendung technisch-taktischer Spielfertigkeiten in Angriff und Abwehr, als auch das Umsetzen taktischer Erkenntnisse im individuellen und mannschaftlichen Bereich im Vordergrund.

(3) Höchstleistungstraining
Für den Handballer sind die Übergänge zum Höchstleistungstraining fließend und besonders abhängig von der konsequenten Entwicklung der Leistung. Es beginnt mit 20 Jahren und kann durchaus bis zu 30 Jahren, in Einzelfällen darüber hinaus, andauern. In dieser Phase wird die persönliche Bestleistung des einzelnen gefordert und gefördert, um sie sinnvoll in das Mannschaftsgefüge einzuordnen. Der Schwerpunkt des Trainings liegt inhaltlich bei der größtmöglichsten Entwicklung der speziellen konditionellen Eigenschaften sowie der endgültigen Stabilisierung der technisch-taktischen Grundlagen. Besonders die Entwicklung der erfolgreichen taktischen Entscheidungsfähigkeit ist eine Forderung an diese Phase. Im Prinzip des langfristigen Trainingsaufbaus ist, wie hier deutlich wird, ein weiteres Trainingsprinzip, nämlich das der Beachtung von allgemeiner und spezieller Ausbildung enthalten.

Das Prinzip der Belastung und Erholung

In diesem Trainingsprinzip sind zwei weitere enthalten, das Prinzip der Superkompensation und das Prinzip der unterschiedlichen Belastungsformen. Das optimale Verhältnis von Belastung und Erholung im langfristigen Trainingsablauf garantiert die Leistungssteigerung. Das Prinzip der Belastung und Erholung ist daher der Mittelpunkt des Trainings. Das Prinzip der Super- oder Überkompensation ist hierfür von grundlegender Bedeutung. Dabei liegt eine alte Weisheit, daß Training zur Ermüdung führt und damit zum Leistungsabfall, zugrunde. Nach einer Erholungsphase stellt sich bei erneutem Training aber überraschenderweise nicht nur der Grad der Leistungsfähigkeit wieder ein, sondern ist sogar noch vergrößert. Hier wird das Trainingsgesetz wirksam, wonach sich die Funktion der Organe verbessert, wenn die Trainingsreize ausreichend stark sind. Trainingsmäßig bedeutet das: nach einer Erholungsphase sind nicht nur die Energien, die durch die Belastung verbraucht wurden, wieder ersetzt, sondern es kommt zu einem deutlichen Anstieg der Energiereserven. Diesen Vorgang der Schaffung von erhöhten Energiereserven durch Training bezeichnet man als Super- oder Überkompensation.

Das Problem des Mehrausgleiches (vgl. Abb. 2) liegt in der Gestaltung der Erholungsphase. Ist die Erholungsphase zu lang oder ist die folgende Belastung niedriger, kommt es nur zur Wiederherstellung der Leistungsfähigkeit auf dem alten Stand. Ist die Erholungspause zu kurz oder die Belastung zu hoch, wird kein Mehrausgleich entstehen und die Leistungsfähigkeit baut sich ab (Übertraining). Mehrausgleich entsteht also nur, wenn Belastung und Erholung in einem optimalen Verhältnis stehen.

Für ein Hauptprinzip des Trainings, die Dosierung von Belastung und Erholung, ergeben sich einige wichtige methodische Konsequenzen:

❏ Die Belastung wird von Training zu Training erhöht, um die Energiereserven und damit die Leistungsfähigkeit zu verbessern.

❏ Nur eine ausreichende Dosierung der Reize (Überschreiten der Reizschwelle) bringt die gewünschte Anpassung.

❏ Je höher der Leistungszustand des Trainierenden ist, desto höher müssen Belastung und Reiz sein. Die Grenzen der Belastung zeigen sich durch die Ermüdung.

❏ Spezifische Reize bringen spezifische Anpassungen. Reines Krafttraining bringt beispielsweise keine Ausdauer, Techniktraining keine Anpassung und Erhöhung der Leistungsfähigkeit im Konditionsbereich.

Die Erkenntnisse über die Wirkungsweise der Überkompensation sagen noch nichts zu den Belastungsmethoden und zur Messung der Belastung aus. Dadurch ergeben sich folgende Fragen:

(1) In welcher Weise soll belastet werden, um eine maximale Anpassung zu erreichen?

(2) Wie sieht eine Kontrolle für eine ausreichende Belastung aus?

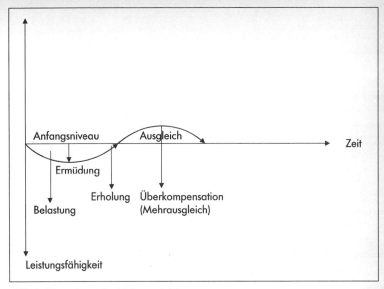

Abb. 1: Entstehung des Mehrausgleiches

Abb. 2: Über- oder Superkompensation

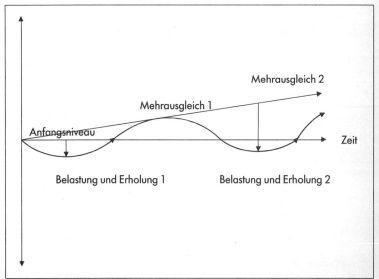

Bei der Beantwortung der ersten Frage muß zuerst geklärt werden, ob es sich um Anfänger oder Fortgeschrittene, um Jugendliche oder Erwachsene, um Trainierte oder Untrainierte handelt.

Die richtigen Methoden der Belastung und die Entscheidung über ihre Anwendung sind von dieser Klärung abhängig. Hierfür gibt es einige unterschiedliche Trainingsformen zur Belastung.

❑ Die Belastung wird linear, d. h. von Trainingsabschnitt zu Trainingsabschnitt, gleichmäßig erhöht (Abb. 3). Diese Form eignet sich besonders für das Grundlagentraining und hier speziell im Jugendbereich.

❑ Die Belastung wird stufenförmig gleichmäßig erhöht (Abb. 4).
Der Unterschied zur linearen Erhöhung liegt darin, daß die Belastungshöhe über einen bestimmten Zeitraum gleich bleibt, ehe die nächste Belastungsstufe folgt. Auch diese Methode ist sehr gut für den Jugend- und Grundlagenbereich geeignet.

❑ Die Belastung wird von Trainingsabschnitt zu Trainingsabschnitt stufenförmig sprunghaft erhöht (Abb. 5). Die Belastungshöhe wird dabei nicht gleichmäßig von Stufe zu Stufe gesteigert, sondern im Wechsel mit geringer und hoher Belastung durchgeführt. Das wird durch die Veränderung von Intensität und Umfang im Training erreicht.
Diese Methode ist besonders für den Leistungsbereich geeignet.

❑ Die wirksamste Methode der Leistungssteigerung dürfte im Serienprinzip zu finden sein (Abb. 6). Dabei werden mehrere Intervalle mit hoher Belastung und kurzen Pausen hintereinandergeschaltet, bevor eine längere Erholungspause folgt. Danach geht es weiter mit den nächsten Serien. Wieviel solcher Serien in einer Trainingseinheit möglich sind, hängt vom Trainingszustand der Spieler ab.

Abb. 3: Lineare Steigerung der Belastung

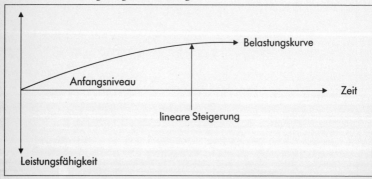

Methoden der Belastung 23

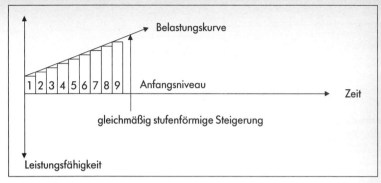

Abb. 4: Gleichmäßig stufenförmige Steigerung der Belastung

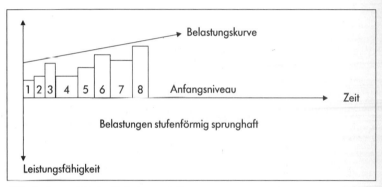

Abb. 5: Sprungförmige Belastungserhöhung

Abb. 6: Serienprinzip

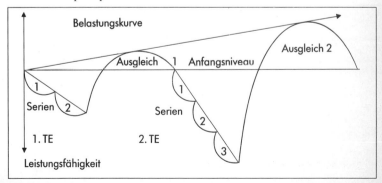

Bei der Frage, wie die richtige Dosierung der Belastung kontrolliert werden kann, ist die Methode, die das sicherste Ergebnis bringt, in den seltensten Fällen dem Normaltrainer zugänglich: die sportärztliche Kontrolle. Einfacher zugänglich und auch relativ sicher ist die Methode der Pulsmessung. Der Puls wird direkt nach der Belastung durch Auflegen der Finger auf die Halsschlagader gemessen. (Dauer der Messung 1 Minute.) Nach einer Pause von 90 Sekunden wird eine zweite Messung vorgenommen. Beide Werte werden miteinander verglichen. Aus der Höhe der Werte und ihrer Differenz lassen sich Rückschlüsse auf den konditionellen Zustand des Spielers ziehen. Allgemein gilt – mit Einschränkungen –, daß der Puls nach der Belastung bei mittlerem Trainingszustand nicht höher als 180 bis 200 Schläge in der Minute sein sollte und nach 90 Sekunden Erholungszeit auf ca. 140 Schläge pro Minute absinkt. Bei der Pulsmessung sind folgende Grundregeln zu beachten:

- Liegt der Puls bei den Spielern nach der Belastung wesentlich über 180 Schlägen pro Minute, deutet das entweder auf einen schlechten Trainingszustand oder auf Krankheitssymptome hin. Im letzteren Fall gehört der Spieler unter ärztliche Kontrolle.
- Verzögert sich die Erholung auf einen Durchschnittspuls von 140 Schlägen pro Minute über die vorgesehene Zeit (90 sec) hinaus, lassen sich Rückschlüsse auf den Leistungszustand ziehen.
- Ein geringes Ansteigen des Pulses und ein schnelles Absinken auf Normalwerte nach einer ausreichenden Trainingsbelastung deuten auf einen guten Trainingszustand hin. Die Werte können aber auch aussagen, daß die Belastung nicht dem Leistungszustand angemessen war und daher die Belastungsgrenze erhöht werden muß.

Zusammenfassung
zum Hauptprinzip Belastung und Erholung

(1) Optimale Anpassungen erfordern optimale Belastungen. Anpassung erfolgt erst nach einer bestimmten Höhe der Belastung.
(2) Nur bei Anfängern ist ein schnelles Umschlagen der Überkompensation in ein höheres Leistungsniveau zu beobachten, bei höheren Leistungsstufen kann es sonst Wochen und Monate dauern.
(3) Anpassung bedeutet bessere Belastungsverträglichkeit. Die gleiche Belastung ermüdet weniger.
(4) Trainingszustand und Leistungsfähigkeit verbessern sich nur, wenn die Belastung gesteigert wird, sonst kommt es zur Rückbildung der Leistungsfähigkeit.
(5) Das Prinzip der Dauerhaftigkeit besagt, daß sich, je kürzer die Anpassungszeit ist, um so schneller der Anpassungszuwachs (Mehrausgleich) zurückbildet.
(6) Je geringer das Leistungsniveau, desto schneller und komplexer erfolgt die Anpassung der beanspruchten Organsysteme. (Quantitätsgesetz des Trainings.)
(7) Die Reize bestimmen die Anpassung: Bei geringer bis mittlerer Intensität und hohem Umfang wird die Ausdauer geschult, bei geringem bis mittlerem Umfang und hoher Intensität wird die Kraft und Schnelligkeit ausgebildet.
(8) Der Organismus stellt sich erst nach einer bestimmten Zeit auf die erhöhten Belastungen ein, die verbesserte Leistungsfähigkeit wird erst später sichtbar.
(9) Der Trainingserfolg wird durch die Erholungsphasen bestimmt:
   – Erholung nach hoher Intensität dauert länger als nach hohem Umfang.
   – Erholung des zentralen Nervensystems dauert länger als das des Organsystems, besonders nach hoher Intensität.
   – Pausen nach Schnelligkeitstraining müssen länger sein als nach Kraft- und Ausdauertraining.
   – Schnelligkeits- und Schnellkraftübungen erfordern in der Erholung «vollständige» Pausen, Kraft- und Ausdauerübungen nur lohnende Pausen, d. h. «unvollständige Pause».

Die Kondition des Handballspielers

Über die Kondition ist mehr als zu jedem anderen Bereich der Trainingslehre geschrieben worden. Der Grund liegt vor allem darin, daß die Probleme der Kondition relativ durchsichtig und die Forschungsergebnisse weitgehend gesichert sind. Das war möglich, weil neben der Arbeit der Trainingswissenschaft sich besonders die Sportmedizin mit diesem Gebiet befaßt hat.
Dieses Buch geht allerdings nicht auf den umfangreichen Katalog zu allen Fragen der Kondition ein, sondern beschränkt sich auf ein paar grundsätzliche Aussagen zu diesem Bereich und zu speziellen Problemen der Handballkondition. Die spezielle Kondition des Handballspielers muß im Zusammenhang mit der gesamten Spielleistung gesehen werden. Kondition ist ein Teil der Spielleistung.

Die Definitionen (Jonath/Krempel 1981, 13) verdeutlichen die Grenzen zwischen allgemeiner und spezieller Kondition:
«Mit der Kondition im engeren Sinne wird der Ausprägungsgrad der (physischen) Leistungsfaktoren Kraft, Schnelligkeit und Ausdauer bezeichnet. Im weiteren Sinne kommen die (motorischen) Eigenschaften Beweglichkeit (Flexibilität) und Koordination hinzu. Diese 5 Haupteigenschaften bilden indessen nur die Inhalte einer allgemeinen Körperausbildung... Die Eigenschaften Kraft, Schnelligkeit, Ausdauer, Beweglichkeit und Koordination bilden die Grundlagen für das Leistungsvermögen. Sie werden ergänzt durch sporttechnische und -taktische Fähigkeiten.»
Damit zeigt sich, daß die Kondition zwar als eine sehr wichtige Grundlage angesehen werden kann, aber nur zu einem bestimmten Maße Voraussetzung der Spielleistung ist. Technik und Taktik bilden die weiteren Säulen der Spielleistung.

Diese Aussage ist im Hinblick auf die Methoden des Trainings der speziellen Kondition des Handballspielers wichtig, weil sich daraus ergibt, daß die Kondition im Handballspiel nicht isoliert, sondern im Zusammenhang mit Technik und Taktik, also komplex, trainiert werden sollte.
Das heißt aber nicht, daß die Grundlagenschulung der Kondition entfällt. Voraussetzung der speziellen Kondition wird immer das Training der allgemeinen Ausdauer, der allgemeinen Schnelligkeit und der allgemeinen Kraft sein. Verschoben hat sich nur die Gewichtung dieser Bereiche. Grundlagentraining in der allgemeinen Kondition wird nur in dem Umfang betrieben, wie es Bedingung einer komplexen Entwicklung der speziellen Kondition des Handballspielers wird. Diese Aussage kann wie folgt näher begründet werden: Ein Handballspiel dauert in der Regel 60 Minuten. Das ist eine relativ lange Zeit, die hohe Anforderungen an die konditionellen Eigenschaften des Handballspielers stellt. Im einzelnen sind das Anforderungen an die Ausdauer, die Schnelligkeit und die Kraft sowie deren Mischformen Schnelligkeitsausdauer, Kraftausdauer und Schnellkraft. (Die Bereiche Beweglichkeit und Koordination sollen zunächst ausgeklammert werden.) Schnelligkeitsausdauer und Kraftausdauer sind wichtige Voraussetzungen der speziellen Kondition des Handballspielers, denn es müssen über 60 Minuten hohe Ansprüche an Kraft (Sprung- und Wurfkraft) und Schnelligkeit in Verbindung mit Ausdauer abgedeckt werden. Schnelligkeitsausdauer und Kraftausdauer können nur entwickelt werden, wenn dazu auch die Grundlagen geschaffen werden. Grundlagen heißt hier Training dieser Eigenschaften in ihrer «reinen» Form, also der allgemeinen Ausdauer, Kraft und Schnelligkeit.
Gegenstöße sind dem Bereich der Schnelligkeitsausdauer zuzuordnen. Wenn sich eine Mannschaft beispielsweise in ihrer Angriffstaktik zum Ziel gesetzt hat, schwerpunktmäßig mit den Gegenstößen zu «operieren», ergibt sich für die Gestaltung dieses Trainings folgende Reihenfolge:

(1) Training der allgemeinen Ausdauer als aerobes Training durch Waldläufe und Fahrtspiele mit Anforderungen höheren Umfangs und geringer Intensität;
(2) Schnelligkeitstraining als Sprinttraining, Training zur Verbesserung der Startschnelligkeit und Reaktionsschnelligkeit;
(3) Training der Schnelligkeitsausdauer in Form von Sprints über 30 bis 40 m bei hoher Intensität und hohem Umfang im Bereich anaerober Ausdauer. Diese Sprints sollten in Verbindung mit dem Balltraining durchgeführt werden. Wichtig ist dabei, daß die Erholungspausen so gestaltet werden, daß nur eine unvollständige Erholung zwischen den Belastungen zugelassen wird.

1. Grundsatz zum Training der Kondition
Das Training der Grundlagenkondition: Ausdauer, Schnelligkeit und Kraft, ist entscheidender Bestandteil des Trainings der speziellen Kondition des Handballspielers.

2. Grundsatz zum Training der Kondition
Die spezielle Kondition des Handballspielers wird komplex trainiert. Komplexes Training heißt spielnahes Training nach Möglichkeit immer mit dem Ball.

Bevor einzelne Programme zur speziellen Kondition des Handballspielers vorgestellt werden, ist eine Systematik der Konditionsanforderungen erforderlich.

Abb. 7: Systematik der Kondition

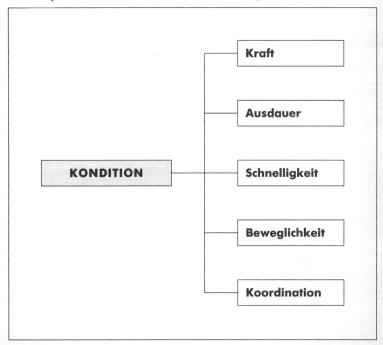

30 Systematik der Kondition

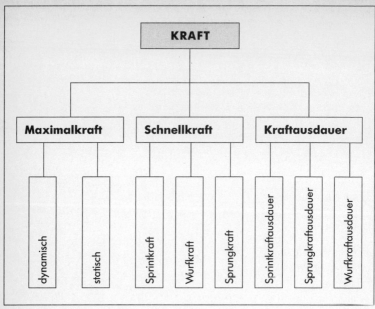

Abb. 8: Systematik der speziellen Kraft

Abb. 9: Systematik der Ausdauer

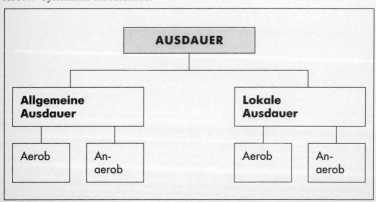

Systematik der Kondition 31

Abb. 10: Systematik der Schnelligkeit

Abb. 12: Systematik der Beweglichkeit

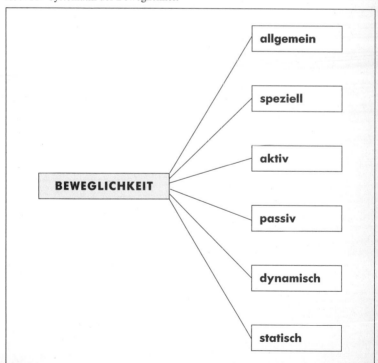

32 Systematik der Kondition

Abb. 11: Systematik der speziellen Koordination/Gewandtheit

Krafttraining

Anhand der Systematik der speziellen Kraft, die der Handballspieler benötigt, werden die Trainingsziele formuliert. Nach Bestimmung der Ziele sollten daraus die Trainingsprogramme der Kraft entwickelt werden.
Es sind vor allem Programme zur Entwicklung:
- der Maximalkraft,
- der Schnellkraft,
- der Kraftausdauer.

Eine differenzierte Aufteilung dieser Kraftformen ergibt, daß im Maximalkraftbereich dynamisch und statisch gearbeitet wird. Dabei sind es im dynamischen Bereich die Stoßkraft, Zugkraft und Schubkraft sowie im statischen Bereich Haltekraft, Zugkraft und Druckkraft. Die Schnellkraftformen werden geprägt durch die Sprintkraft, die Sprungkraft und die Wurfkraft. Die Kraftausdauer bestimmt sich durch die Sprintkraftausdauer, die Sprungkraftausdauer und die Wurfkraftausdauer (vgl. H. und M. Letzelter 1986, 66).

Den Handballer interessieren vor allem Maximalkraft, Schnellkraft und Kraftausdauer. Es ist zu klären, wozu sie benötigt werden und wie sie trainiert werden können. Bevor auf die Klärung dieser Fragen, speziell durch Entwicklung von Trainingsprogrammen, eingegangen wird, einige Hinweise auf sogenannte Kraftmaschinen, die zur Ausbildung allgemeiner und spezieller Kraft beitragen. Das Training an den Kraftmaschinen ist ein Problem, weil es nicht überall die Möglichkeit gibt, sie anzuschaffen (Frage des Preises) oder sie aufzustellen, weil geeignete Räume fehlen. Dort, wo sie vorhanden sind, fehlt es oft an sachkundiger Anleitung, um mit diesen Maschinen sinnvoll umgehen zu können. Falscher Einsatz und falsche Anwendung führen zu ungewollten Ergebnissen oder zu Verletzungen. Darum wird die Empfehlung gegeben, sich, bevor der Einsatz erwogen wird, zunächst konstruktiv mit dem Problem der Anwendung auseinanderzusetzen. Die folgenden ausgewählten Beispiele sind überwiegend Übungsformen, die den Handballspieler in seiner Kraftentwicklung unterstützen.

Trainingsprogramm
Allgemeine und spezielle Kraftentwicklung mit Hilfe von Kraftmaschinen

Pull-over-Maschine liegend
Die Arme werden in Rückenlage hinter den Kopf schräg nach hinten unten gestreckt gegen den Widerstand zunächst nach oben gezogen und dann weiter zum Körper hin bis etwa in die Hüftgegend abgesenkt. Ersatzweise können Kästen als Liegefläche und Hanteln verwendet werden, wobei die Übung wie beschrieben durchgeführt wird.
Wirkung: Kräftigung der Brustmuskeln, Rücken-, Schulter- und Oberarmmuskeln.

Armstreckmaschine sitzend
Aus dem Sitz werden Oberarme und Brust auf den Polstern abgestützt. Gegen den Widerstand des Gerätes werden die gebeugten Arme nach unten gestreckt.
Wirkung: Kräftigung der Brust-, Rücken- und Oberarmmuskeln. Die Unterarme werden zusätzlich mit statischer Haltearbeit belastet.

Zugmaschine (von oben)
Aus dem Stand wird das Zugseil von oben mit seitlich an den Körper angelegten Oberarmen gegen den Widerstand nach unten bis zur Streckung der Arme gezogen.
Wirkung: Kräftigung der hinteren Oberarmmuskeln. Rücken-, Schulter- und Unterarmmuskeln werden statisch belastet.

Bodenzug
Aus dem Sitz werden mit gestreckten Beinen und Armen (Oberkörper bleibt senkrecht) die Arme so weit wie möglich an den Körper herangezogen, ohne daß dabei die Haltung des Körpers verändert wird.
Wirkung: Stärkung der Rücken-, Nacken-, Schulter-, Oberarm- und Unterarmmuskeln.

Doppelzugmaschine von oben
Aus dem Sitz wird auf der Schrägbank das Zugseil von oben so weit wie möglich an die Brust herangezogen.
Wirkung: Kräftigung der Brust-, Nacken-, Rücken-, Oberarm- und Unterarmmuskulatur.

Beinpresse schräg
Aus der Rückenlage wird der Schlitten mit entsprechend der Leistungsfähigkeit bestückten Gewichten mit beiden Beinen schräg nach oben geschoben. In der Endphase sollten die Füße zusätzlich gestreckt werden.
Wichtig: Die Lendenwirbelsäule wird bewußt nach unten gedrückt, damit das Rückgrat in voller Länge auf der Matte liegt. Mit den Händen hält man sich dabei an der Matte fest, der Kopf wird nicht gehoben.
Wirkung: Kräftigung der Gesäß-, Ober- und Unterschenkelmuskulatur.

Beinpresse horizontal
Aus dem Sitz, der Rücken ist angelehnt, werden die Beine und die Hüfte gegen den Widerstand der Gewichte nach vorn gestreckt und nachgebend wieder gebeugt.
Wirkung: Stärkung der Gesäß-, Ober- und Unterschenkelmuskulatur.

Brustmaschine liegend
Aus der Bauchlage werden die nach unten gestreckten Arme gegen den Widerstand der Gewichte so weit wie möglich seitlich nach oben geführt und anschließend wieder nachgebend in die Ausgangsposition zurückgebracht.
Wirkung: Stärkung der Nacken-, Rücken-, hinteren Schulter- und Oberarmmuskeln.

Brustpresse liegend
Aus der Rückenlage auf der Bank wird das Gewicht zunächst aus den gebeugten Armen gegen den Widerstand der Gewichte nach oben gestreckt und anschließend wieder nachgebend gebeugt. Diese Übung kann auch auf einer gewöhnlichen Bank mit der Langhantel oder Kurzhanteln durchgeführt werden.
Wirkung: Kräftigung der Brust-, vorderen Schulter- und hinteren Oberarmmuskeln.

Klimmzugmaschine
Diese Maschine besitzt einen zusätzlichen Hebel, der auf der Rückseite mit Gewichten belastet ist. Damit wird dem Körper ein Teil der Muskelarbeit abgenommen, was insbesondere bei Anfängern wichtig sein kann. Der Körper wird aus der Streckung durch das Beugen der Arme und Herannehmen der Oberarme seitlich an den Körper nach oben gezogen, bis das Kinn die Griffhöhe erreicht. Diese Übung ist auch am Reck durchführbar.
Wirkung: Kräftigung aller Brust-, Nacken-, Rücken-, Oberarm- und Unterarmmuskeln.

Die Auswahl dieser Maschinen und Übungen sind speziell für den Handballspieler vorgenommen. Die Wirkungsbeschreibung der Übung auf die verschiedenen Muskeln verdeutlicht das. Es gibt andere geeignete Maschinen und Fitnessgeräte, die hier nur erwähnt werden sollen:
- Beintisch,
- Brustpresse liegend,
- Brustpresse stehend,
- Butterfly-Maschine,
- Hackenschmidt-Maschine
- Laufband,
- Rudermaschine,
- Standfahrrad,
- Strecklift,
- Twister,
- Hanteln,
- Schrägbänke,
- Sprossenwand,
- Stützbarren.

(Die Funktion der Maschinen, ihre Anwendung und weitere Hinweise zur Verwendung sind dem Sportbuch: J. Mende, Körpertraining, Reinbek bei Hamburg 1988, zu entnehmen.)

Maximalkrafttraining

«Maximalkraft ist die höchstmögliche Kraft, die das Nerv-Muskel-System bei maximaler willkürlicher Kontraktion auszuüben vermag» (H. und M. Letzelter 1986, 67).

Die Maximalkraft ist Grundlage für typische Kraftsportarten, wie z. B. Gewichtheben. Je größer die Last ist, die zusätzlich bewegt werden muß, desto größer ist auch der Anteil der Maximalkraft. Ihr Einfluß kann sehr stark variieren. In Sportarten, in denen Zusatzlasten verwendet werden, kann das Maximalkrafttraining vorrangig eingesetzt werden.

Geht man von den bisherigen Aussagen aus, ist der Einfluß der Maximalkraft auf die Wettkampfleistung beim Handballspielen nicht besonders hoch, obwohl – das ist nachgewiesen (Letzelter 1986, 81) – das Maximalkraftniveau die Schnellkraft und die Kraftausdauer positiv beeinflussen. Besonders bei Anfängern in fast allen Sportarten stellt man jedoch einen bedeutenden Einfluß der Maximalkraft auf die Wettkampfleistung fest. Je höher dann die Wettkampfleistung wird, desto mehr nimmt dieser Einfluß ab.

In der Regel sollten folgende Aussagen von H. und M. Letzelter gültig sein: «In den meisten Sportarten ist ein optimales Niveau ausreichend, nur in wenigen ist auf eine Maximierung der Maximalkraft hinzuarbeiten... Die Maximalkraft hat in vielen Sportarten auf unterem und mittlerem Niveau einen unübersehbaren Einfluß auf die Leistung, verliert aber mit zunehmendem Können an Wirkung; ihr Einfluß ist zumindestens nicht mehr nachweisbar» (1986, 82).

Für die Trainingspraxis im Handball lassen sich folgende Schlußfolgerungen ziehen:

❑ Maximalkraft sollte bei Anfängern und Fortgeschrittenen so trainiert werden, daß ein optimales Niveau erreicht wird. Wo das optimale Niveau liegt, hängt von der Konstitution und den körperlichen Voraussetzungen ab.
❑ Die Maximalkraft wird durch statische (höchster Druck gegen unüberwindliche Widerstände) und dynamische Methoden entwickelt. Es geht in allen Fällen um eine Muskelquerschnittsvergrößerung und eine Verbesserung der intramuskulären Koordination (möglichst synchroner Einsatz vieler Muskeleinheiten). Für das Training des Handballs gilt diese Zielsetzung nur bedingt. Die anzuwendende Methode liegt im dynamischen Bereich.

❑ Da die zu bewegende Zusatzlast (Bälle) nur ein geringes Gewicht besitzt, sollte das Maximalkrafttraining in seiner Zielsetzung so ausgerichtet sein, daß es als Grundlage für das Training von Schnellkraft und Kraftausdauer, also den Krafteinsatz auf höherem Niveau (besonders bei Sprung- und Wurfkraft) dienen kann.

❑ Da in unteren und mittleren Bereichen der Einfluß der Maximalkraft auf die Wettkampfleistung am größten ist, sollte das Maximalkrafttraining auch einen entsprechend breiten Raum im Training einnehmen. Dabei sollte einmal in der Woche (als Zusatztraining) und in der Vorbereitungszeit bis zu dreimal in 14 Tagen trainiert werden.

Die Maximalkraft kann bei geringen bis mittleren Widerstandsgrößen (40% bis 70%) mit ausreichend langer Reizdauer bei 15 Wiederholungen in einer Einheit in mindestens 3 Serien trainiert werden.
Bei hohen und höchsten Belastungen (80% bis 90%) empfehlen sich zwischen 5 und 8 Wiederholungen bis zur Erschöpfung, bei Pausen zwischen 2 und 3 Minuten Länge.

Trainingsprogramm Maximalkraft

Geräte: Scheibenhantel, Reckstangen, Sitzbänke und Sprossenwand, eigenes Körpergewicht, Kraftmaschine.

Bankdrücken
Der Spieler liegt mit dem Rücken auf einer Hantelbank. Die Hantel liegt auf zwei Ständern. Zum Drücken wird die Hantel aus der Halterung genommen und von der Brust aus bis in die Armstreckung gedrückt.

Bankziehen
Der Spieler liegt mit der Vorderseite des Körpers auf der Bank. Die Hantel befindet sich auf dem Boden. Von dort aus wird sie möglichst weit nach oben gezogen.

Kniebeugen
Die Hantel liegt im Nacken des Spielers. Aus dem Stand geht er langsam in die Kniebeuge (tiefe oder/und halbe Kniebeuge) und richtet sich anschließend wieder zum Stand auf.

Armbeugen mit der Hantel
Der Spieler steht aufrecht und bringt die Hantel aus der Armbeuge nach oben.

Nackendrücken
Die Hantel liegt im Nacken. Von dort aus wird sie nach oben gedrückt.

Reißen
Die Hantel liegt am Boden und wird von dort aus bis in die Hochhalte gerissen. Dabei wird in Schulterhöhe mit den Händen umgesetzt.

Schrägbankdrücken
Der Spieler sitzt schräg auf der Bank und drückt von dort aus die Hantel schräg nach oben (30° bis 40°).

Beinstrecken
Der Spieler liegt mit dem Rücken auf einer Sitzbank, die in die Sprossenwand gehängt ist. Die Hantel liegt im Nacken. Aus der Kniebeuge wird der Körper schräg nach oben gedrückt.

Sit-up auf der Schrägbank
Der Spieler liegt mit dem Rücken auf einer Sitzbank mit dem Kopf nach unten. Die Hantel wird im Nacken gehalten. Aus der Liegestellung richtet sich der Körper bis zum Sitz auf.

Kniebeugen mit Partner
Der Spieler nimmt seinen Partner auf die Schultern, faßt dabei eine Sprosse an der Sprossenwand mit beiden Händen. Aus dieser Stellung erfolgt das Kniebeugen und das anschließende Aufrichten.

Bankdrücken mit und ohne Zusatzlast
Der Spieler hebt eine Sitzbank, die in die Sprossen gehängt ist, bis zur Schulter und drückt sie anschließend bis zur Armstreckung nach oben. Die Sitzbank kann durch einen Partner, der sich auf die Bank setzt, zusätzlich belastet werden.

Drücken, Reißen und Heben mit der Reckstange
Beim Krafttraining mit jüngeren Spielern oder auch Frauen können die hier vorgestellten Übungen auch mit der Reckstange durchgeführt werden.

Es bietet sich die Wiederholungsmethode an, d. h. zwischen 5 und 15 Wiederholungen in einer Serie. Die Belastung liegt zwischen 40 % und 90 % des eigenen Leistungsvermögens. Die Serienanzahl bewegt sich zwischen 3 und bis zur Erschöpfung. Die Pausenlänge beträgt 2 bis 5 Minuten. Für die Belastung ist der Wechsel zwischen Reizintensität (% in Maximalleistung), Reizdauer (Anzahl der Wiederholungen pro Serie), Reizdichte (zeitliche Begrenzung) und Reizumfang (Anzahl der Serien) wichtig.

Schnellkrafttraining

«Schnellkrafttraining ist die Fähigkeit, Bewegungen gegen submaximale Widerstände mit hoher Geschwindigkeit durchzuführen» (Letzelter 1986, 84).
Die Schnellkraft beinhaltet Startkraft, Explosivkraft und Maximalkraft. Diese Differenzierung ist notwendig, um zu verdeutlichen, daß die Schnellkraft eine komplexe Kraftform ist. Die Erkenntnis erleichtert darüber hinaus die Entwicklung von Trainingsprogrammen zur Schnellkraft. Die einzelnen Komponenten lassen sich folgendermaßen unterscheiden:
- Startkraft ist die Fähigkeit, aus einer ersten Muskelanspannung heraus eine möglichst schnelle Kraftentwicklung einzuleiten.
- Die Maximalkraft wird gebraucht, wenn es darum geht, große Kraftpotentiale geschlossen und schnell einzusetzen. Das gilt besonders beim Einsatz von Zusatzlasten.
- Die Explosivkraft ist die Fähigkeit, Kraft in einem steilen Anstieg umzusetzen, d. h., daß die Explosivkraft eine Fortsetzung oder Verlängerung der Startkraft ist (vgl. auch Letzelter 1986, 86).

Betrachtet man zusammenfassend diese Komponenten, ergibt sich, daß bei längeren Krafteinsätzen die Maximalkraft mitentscheidet und bei absoluter Bewegungsschnelligkeit (Bewegung mit höchster Geschwindigkeit durchzuführen) Startkraft und Explosivkraft maßgeblich beteiligt sind.
Besonders diese Aussagen sind für das Training der Schnellkraft der Handballspieler von grundsätzlicher Bedeutung, weil fast alle Bewegungen als Schnellkraftformen erkennbar werden, beispielsweise beim Wurf als Wurfkraft, beim Sprung als Sprungkraft, beim Gegenstoß als Start- und Sprintkraft, beim Durchbruch 1 gegen 1 und deren Verhinderung als Aktions- und Bewegungsschnelligkeit (Start- und Explosivkraft).
Wie unterschiedlich diese Kraftformen bei Handballspielern verschiedener Leistungsklassen ausgeprägt sind, verdeutlichen folgende Zahlen:

Für Bundesligaspieler:
(1) Wurfkraft 35,5 m
(2) Sprintkraft 10.6 Sekunden
(3) Sprungkraft 60,4 cm

Für Kreisligaspieler:
(1) 33,6 m
(2) 11.3 Sekunden
(3) 55,2 cm

Für Kreisklassespieler:
(1) 28,8 m
(2) 13.1 Sekunden
(3) 50,2 cm
(Aus Roth 1978, 99 ff)

Wurf-, Sprung- und Sprint-(Start-)kraft sollten im Training der Schnellkraft auch den wichtigsten Platz einnehmen. Entscheidend sind die Überlegungen dazu, mit welchen Mitteln und Methoden die Schnellkraft trainiert werden kann. Beim Training der Sprintkraft (Startkraft) geht es darum, die Fähigkeit zu entwickeln, möglichst schnell und lange zu beschleunigen, damit Antrittsvermögen, Spurts zum Erkämpfen des Balles, Gegenstöße und Bewegungen in Angriff und Abwehr bis zur optimalen Grenze eines jeden Spielers geschult werden können. Da es beim Handballspiel vorwiegend um kurze Distanzen geht, steht die Startkraft mehr im Mittelpunkt als die Sprintkraft mit ihrem Beschleunigungsvermögen über längere Distanzen. Die Ausnahme bildet mit Abstrichen der Gegenstoß.

Trainingsprogramm Start- und Sprintkraft

Sprints ohne Ball
Die Spieler sprinten von der Torauslinie bis zur 6-m-, 9-m- und Mittellinie und rückwärts in die Ausgangsposition.

Sprints ohne Ball
Die gleichen Strecken, am Ziel wird eine Drehung um 180° ausgeführt und in der Vorwärtsbewegung zurück zur Ausgangsstellung gesprintet.

Sprints mit Ball
Streckenlänge und -aufteilung wie in Übung 1 und 2. Zusätzlich wird mit dem Ball gedribbelt.

Starts und Sprints
Aus verschiedenen Ausgangsstellungen über verschiedene Distanzen: Stand, Gegenstellung (Gesicht zur Wand), Hockstellung, Bauch- und Rückenlage vor- und rückwärts liegend.

Starts und Richtungswechsel
Starts über kurze Distanzen mit anschließendem Richtungswechsel bis zurück zur Ausgangsposition.

Starts zwischen 6 m und 9 m
Kurze Starts zwischen 6-m- und 9-m-Linie, vor-, rückwärts, diagonal.

Kniehebelauf

Skipping
Kurze schnelle Laufbewegungen aus den Fußgelenken heraus gegen Widerstände (Partner hält an den Hüften oder mit Deuserband).

Sprints mit Zusatzbelastungen
Gesprintet wird über verschiedene Distanzen. Als Zusatzlast können Gewichtswesten benutzt werden.

Bergaufläufe
Gesprintet wird über kürzere Distanzen bergauf.

Methodik
Wiederholungsmethode (Wiederholungen einer Übung, Serienzahl)
(a) Bei hohen Lasten Wiederholungen zwischen 1- und 5mal,
    Pausenlänge 5 Minuten (maximale Krafteinsätze).
(b) Bei geringeren Lasten Wiederholungen zwischen 6- und 10mal,
    bei Pausen bis zu 3 Minuten.

Wurfkraft

Ebenso wie Start-, Sprint- und Sprungkraft gehört die Wurfkraft zur speziellen Kraft des Handballspielers. Diese Kraftformen sind alle Teilbereiche der Schnellkraft. Damit wird deutlich, daß das Konditionsprogramm der Handballspieler zu einem wesentlichen Teil durch die Komponenten der Schnellkraft geprägt wird. Herausragend ist hier noch die Wurfkraft zu nennen, denn viele Spielhandlungen sind untrennbar mit dem Werfen verbunden, wie Zuspiele über kürzere und längere Distanzen, Zuspiele mit unterschiedlicher Härte und Schnelligkeit oder Torwürfe in vielen Ausführungen und Kombinationen.

Inzwischen dürfte auch klar sein, daß es keine isolierten Formen des Trainings der Kondition gibt. So ist die Wurfkraft abhängig von Maximalkraft, Sprungkraft, Start- und Sprintkraft, Kraftausdauer, Beweglichkeit, Koordination und in verschiedenen Kombinationen trainierbar. In der Fachliteratur, die sich speziell mit der Kraftentwicklung auseinandersetzt, wird der Zusammenhang unterschiedlicher Formen nachgewiesen (Schmidtbleicher, Werschoshanskij, Letzelter, Bührle-Schmidtbleicher).

«Je härter und präziser der Wurf ist, um so größer ist die Erfolgschance. Die Spieler bringen unterschiedliche Voraussetzungen in bezug auf ihre Wurfkraft mit. Es gibt den sogenannten ‹Explosivwerfer›, der über einen sehr harten Wurf verfügt, und es gibt den ‹Koordinationswerfer›, dem häufig die Härte des Wurfes fehlt. Erst die Kombination der beiden Typen garantiert hervorragende Wurfleistungen. Darum ist die Entwicklung der Wurfkraft unter koordinativen Gesichtspunkten das wichtigste Trainingsziel im Wurftraining des Handballers.

Voraussetzung für die Entwicklung der Wurfkraft sind:
- Kraft (dynamische Maximalkraft, Schnellkraft)
- Beweglichkeit (Sehnen, Bänder, Gelenke)
- Technik (die Beherrschung des idealtypischen und ökonomischen Verlaufs der Wurfbewegung)
- Koordination (Beherrschung der komplizierten Bewegungsformen und ihre Anwendung unter verschiedenen Bedingungen)» (Trosse 1985, 65).

Trainingsprogramme zur Wurfkraft

Es gibt eine Reihe von Möglichkeiten, um die Wurfkraft zu trainieren. Besonders geeignete Geräte sind dabei Medizinbälle, Vollbälle und Handbälle.

Zu den Organisationsformen gehören:
- die Zuspiele zum Partner,
- das Werfen auf bewegliche und unbewegliche Ziele,
- die Veränderung von Entfernungen und Aufstellungsformen,
- das Einbeziehen von Hindernissen,
- die Kombinationen zwischen Lauf und Wurf oder Sprung und Wurf,
- die Komplexübungen mit Gegenspielern unter spielnahen Bedingungen.

Trainingsprogramm I
Verbesserung der Wurfkraft

Geräte: Medizinbälle (1 bis 3 kg, je nach Alter und Leistungsvermögen).
Organisation: Halle quer, Partnerübungen, unterschiedliche Entfernungen.

Übung 1
Wurf zum Partner aus dem Stand, Ausholbewegung mit beiden Händen.

Übung 2
Würfe aus dem Anlauf, Ausholbewegung mit beiden Händen (über den Kopf).

Übung 3
Mit Anlauf und Zuspiel aus dem Sprung (beidhändig, einhändig).

Übung 4
Mit dem Rücken zum Partner, Würfe über den Kopf.

Übung 5
Im Grätschsitz, der Ball wird mit beiden Händen geworfen.

Übung 6
Aus der Rückenlage, Aufrichten und Wurf (beidhändig, einhändig).

Übung 7
Bauchlage, Zuspiel beidhändig.

Übung 8
Einige Schritte Vorlauf, Ballaufnahme und Wurf mit Stemmschritt.

Übung 9
Einige Schritte Vorlauf, Ballaufnahme, Wurf und Zuspiel im Sprung.

Übung 10
Der Ball wird dem Partner zugerollt, Ballaufnahme (Stand, Sitzen, Liegen), kurze Vorwärtsbewegung, Wurf zum Partner (Stemmschritt, Sprung, einhändig, beidhändig).

Übung 11
Beide Partner spielen sich den Ball im Sprung zu (Annahme und Zuspiel während des Sprunges).

Übung 12
Fallwürfe auf die Matte mit Wurf auf Kästen oder Zuspiel zum Partner.

Methode
Wiederholungen in Serien, sowohl bei den Einzelübungen als auch im Gesamtprogramm (abhängig von Alter und Leistungsvermögen).

Trainingsprogramm II
Verbesserung der Wurfkraft

Geräte: Vollbälle (700, 800 g).
Organisation: Halle quer, paarweises Zuspielen, Veränderung der Entfernungen.

Übung 1
Der Ball wird rechts und links abwechselnd (in Serien) zum Partner gerollt (als Bodenpaß), dieser nimmt ihn auf und wirft zurück (Entfernung, Härte, Zuspielhöhe verändern).

Übung 2
Der Ball wird bis zur Mitte gerollt, aufgenommen und im Stemmschritt (Sprung) zum Partner gespielt. Anschließend zurück in die Ausgangsposition mit Rückwärtslauf, Sidesteps oder Sprints. Dann Rollentausch.

Übung 3
Der Ball wird bis zur Mitte geprellt und mit Sprungpaß zum Partner geworfen, anschließend spielt der Partner mit der gleichen Übung.

Übung 4
Mit 2 Schritten Anlauf (ohne Anlauf) mit Sprungpaß zum Partner.

Übung 5
Der Ball wird zum sitzenden, liegenden Partner gerollt oder als Bodenpaß gespielt. Dieser nimmt ihn mit möglichst wenigen Anlaufschritten auf und paßt ihn zurück. Mehrere Wiederholungen, dann Wechsel.

Übung 6
Ein Spieler umdribbelt seinen Partner bis zurück in die Ausgangsposition. Anschließend Sprungpaß zum Partner und Rollentausch.

Übung 7
Wie Übung 6. Während der erste Spieler dribbelt, führt sein Partner Zusatzübungen aus wie Hocksprünge, Liegestütze, Würfe gegen die Wand.

Sprungkraft

Folgt man den Aussagen der Trainingswissenschaftler, dann kommt der Sprungkraft überragende Bedeutung zu, weil sie in fast allen Sportarten allgemein und speziell wirkt. Nach H. und M. Letzelter (1986, 107) werden drei Wirkungsweisen der Sprungkraft unterschieden:
- Sprungkraft verbessert Flugweite und -höhe,
- Sprungkraft erhöht die Flugdauer und verbessert damit die Ausführung schwieriger technischer Bewegungsformen,
- Sprungkraft wirkt direkt auf die Technik.

Hier wird u. a. die besondere Bedeutung der Sprungkraft für die Sportspiele sichtbar. Heuchert (1978, 2) hat diese Aussage mit Untersuchungen untermauert:
«– Im Volleyball springt der Angreifer in einem 5-Satz-Spiel rund 100- bis 150mal, ‹wovon ein Drittel Angriffsaktionen und zwei Drittel Blockaktionen sind›.
– Im Basketball finden zwischen 85 und 95 Sprunghandlungen statt, und zwar vor allem als Sprungwürfe und Nachsetzer.
– Im Handball werden pro Spieler etwa 4–5 Sprungwürfe ausgeführt, ‹das sind 38 bis 40% der gesamten Technik Torwurf›; hinzu kommen noch Sprünge, um in den Ballbesitz zu kommen.
– Im Fußball springen die Spieler zwischen 15- und 20mal» (zitiert aus H. und M. Letzelter 1986, 114).

Aus diesen Ausführungen lassen sich folgende Konsequenzen formulieren:
- Sprungkraft ist ein sehr wichtiger Bestandteil des Konditionstrainings.
- Das Training der Sprungkraft dient gleichzeitig der Verbesserung der Ausdauer von Sprungkraft.
- Sprungkrafttraining verbessert die Technik.
- Sprungkrafttraining kann als Voraussetzung zur Entwicklung anderer Sportarten dienen.

Untersucht man die Sprungkraft auf ihre einzelnen Bestandteile, dann ergibt sich, daß sie eine komplexe Kraftform ist, denn sie setzt sich zusammen aus der Möglichkeit, die Anfangskraft (Startkraft) voll einzusetzen (reaktive Fähigkeit der Beinmuskulatur), der Explosivkraft der Beinstrecker, der Schwungelemente der anzuwendenden Technik, der speziellen Sprungtechnik.

Die Technik des Sprunges ist wiederum abhängig von der Länge des Beschleunigungsweges, der Ausgewogenheit von Brems- und Beschleunigungskraftstoß sowie der Koordination der verschiedenen Bewegungselemente.

Daraus ergeben sich verschiedene Erscheinungsweisen der Sprünge, z. B. hoch, weit, einbeinig oder zweibeinig, aus dem Stand, aus dem Anlauf, mit oder ohne Schwungbewegungen, zyklisch (Bewegung mit ständig wiederkehrendem gleichem Rhythmus, wie beim Laufen) oder azyklisch (unrhythmische einmalige Bewegung, z. B. Sprungwurf).
Die Erwähnung der verschiedenen Komponenten und Erscheinungsbilder ist deshalb notwendig, weil sich daraus Konsequenzen für die Methodik des Trainings ergeben.
Für das handballerische Sprungkrafttraining gilt daher, verschiedene Bewegungskombinationen unter Einsatz verschiedener Techniken breitgestreut und abwechslungsreich einzusetzen.

Das Training zur Verbesserung der Sprungkraft
Man unterscheidet
- allgemeines Sprungkrafttraining und ein
- spezielles Sprungkrafttraining.

Beim allgemeinen Sprungkrafttraining geht es um die Verbesserung der Kraft der Beinmuskulatur, besonders die Kraftausdauer als Stehvermögen und die Schnellkraft als Explosivkraft.
Die spezielle Sprungkraft bezieht sich auf eine bestimmte Sportart und damit auf die Technik des Absprunges, einschließlich der Schnellkraft. Beim Handball bedeutet das, die vielfältigen Möglichkeiten des Schnellkrafttrainings mit Start-, Explosiv- und Maximalkraft auszuschöpfen und darüber hinaus die Koordination von Anlauf und Sprung besonders zu schulen. Die Analyse hat gezeigt, daß wir es bei den «Handballsprüngen» um ein Training mit hohen, einbeinigen, koordinativ abgestimmten Sprüngen zu tun haben.

Für den Anlauf gilt daher:
- nicht zu langer und schneller Anlauf,
- Absenken des Körperschwerpunktes vor dem Absprung,
- besonderer Einsatz des Schwungbeines, um eine Rücklage zu gewinnen, die einen höheren Sprung ermöglicht.

Für die Flugphase werden Kraftkomponenten wirksam (Trosse 1978), insbesondere bei der Entwicklung von Wurfspannung (Verwringung) und deren Auflösung durch die Wurfbewegung.

Trainingsprogramm I
Verbesserung der Sprungkraft

Übung 1
Wechselsprünge auf der Matte. Die Arme werden dabei im Nacken verschränkt. Gesprungen wird aus dem Stand und auf der Stelle.
Gesprungen wird mit hohem Tempo:
- 6 bis 10 Wiederholungen,
- Serien ab 3 je nach Leistungsvermögen,
- Serienpause 2 bis 3 Minuten.

(Reaktive Arbeit, mit Vorspannung)

Übung 2
Hochsprünge aus einer leichten Kniebeuge heraus (Arme im Nacken). Mit großer Vorspannung starkes Abdrücken aus den Fußgelenken bis zum Strecksprung (hohes Tempo, Wiederholungen 6–10mal, mindestens 3 Serien mit Pausen um 3 Minuten).

Übung 3
Auf der Mattenbahn Wechselsprünge mit Raumgewinn durchführen. Arme unterstützen die Bewegung durch rhythmisches Pendeln von unten nach oben. Landung auf beiden Beinen. Während des Sprunges Wechsel der Beine. Mit hoher Spannung springen, nicht durchsacken lassen.

Übung 4
Froschsprünge mit Vorspannung in den Oberschenkeln. Der Oberkörper bleibt aufgerichtet, Knie und Fußspitzen zeigen leicht nach außen. Keine volle Kniebeuge. Zwischen den Sprüngen eine kurze Haltepause. Variation: Treppe aufwärts.
- 6 bis 10 Wiederholungen,
- mindestens 3 Serien,
- Pause 3 bis 5 Minuten,
- Erholung vor der nächsten Serie.

Übung 5
Hopserlauf über die Mattenbahn. Oberkörper gerade lassen, stark abdrücken.

Übung 6
Froschsprünge in verschiedenen Formen ausführen:
- vorwärts mit halber Drehung,
- rückwärts mit halber Drehung, vorwärts,
- mit ganzer Drehung,
- mit halber Drehung rechts und halber Drehung links, vorwärts weiter.

Übung 7
Sprunglauf, Laufsprünge mit Betonung der Flugphase durch starkes Nachobenbringen des Schwungbeines. Landen auf der Ferse, Abrollen von hinten nach vorne.

Übung 8
Sprung- und Schwunglauf durch die ganze Halle. Sehr stark mit den Sprunggelenken arbeiten, mit dem ganzen Fuß aufsetzen.
- Matten werden zu einer ganzen Bahn zusammengelegt,
- 3 Wiederholungen, dann Serienpause.

(Draußen bei einer Strecke von 50 bis 60 m auch als Kraftausdauer)

Übung 9
Springen beidbeinig mit und ohne Zwischenhupf.

Übung 10
Springen rechts mit und ohne Zwischenhupf.

Übung 11
Springen links mit und ohne Zwischenhupf.

Übung 12
Springen abwechselnd: rechts – links, links – rechts, rechts – links ...

Übung 13
Springen über Kreuz, rechts – links, rechts – links.

Übung 14
Springen beidbeinig im Grätschsprung.
Alle Übungsformen können mit und ohne Matten durchgeführt werden.

Trainingsprogramm II
Sprungkraft durch Niedersprungtraining

Hier geht es um die sogenannte reaktive Phase. Durch den Niedersprung von einem Kasten z. B. entsteht durch nachgebende Arbeit ein schnelles Umschalten auf überwindende Arbeit (Entstehung von reaktiver Energie). Dadurch wird der Sprung effektiver, es kommt zur Verbesserung der Sprungkraft. Wichtig ist, daß die Absprunghöhe für jeden Spieler vorher getestet wird. Sie liegt dort, wo es dem Spieler gelingt, ohne die Ferse durchschlagen zu lassen, sofort in den nächsten Sprung gehen zu können (Grenzhöhe). Das Niedersprungtraining wird durch Hüpfsprünge über einen längeren Zeitraum vorbereitet.

Das Training gehört sowohl in den Bereich des dynamisch-konzentrischen (Überwindung von Widerständen unter Belastung als auch des dynamisch-exzentrischen (nachgebend passiv gegen Widerstand) Krafttrainings (vgl. Trosse 1985, 62). Das bedeutet, daß nach einem Niedersprung (mit Vorspannung) vom Kasten sich ohne Pause der Aufsprung auf den nächsten Kasten anschließt. Der durch den Niedergang ausgelöste Dehnungsreflex aktiviert eine größere Menge an Muskeleinheiten und wird damit für die Entwicklung der Sprungkraft effektiv.

Übung 1
Kastenteil, Steige – Strecksprung auf den Kasten, Absprung mit halber Drehung, sofortiges neues Aufspringen.
- 10 Wiederholungen, Pause,
- 3 bis 4 Serien.

Übung 2
Kastenteile in beliebiger Aufstellung, Laufsprünge:
- mit dem rechten Bein und Zwischenhupf,
- mit dem linken Bein und Zwischenhupf,
- rechts und links ohne Zwischenhupf,
- Springen rechts–rechts, links–links.

Übung 3
2 Kästen, Abstand 1 m, Höhe 60 bis 80 cm. In leichter Hocke auf den Kasten springen, Arme fallen lassen und abspringen, sofort auf den nächsten Kasten springen.

Übung 4
Sprünge einbeinig rechts und links mit und ohne Zwischenhupf.

Übung 5
Springen beidbeinig, einmal auf den Kasten, das zweite Mal über den Kasten (Kastenbahn aus mehreren Kästen).

Übung 6
Froschhüpfen von Kasten zu Kasten ohne Zwischenhupf.

Übung 7
Froschhüpfen einmal auf, das zweite Mal über den Kasten.

Übung 8
Kombinationen aus längs- und quergestellten Kästen. Die Sprungart wird vorgegeben. Hier sind alle Möglichkeiten und Kombinationen, wie sie bisher beschrieben wurden, anwendbar.

Übung 9
Kombination aus kleinen und großen Kästen, längs- und quergestellt.

Übung 10
Springen auf Treppen, langsames Steigen mit Fußwippen.

Übung 11
Laufsprünge von Stufe zu Stufe.

Übung 12
Kombinationen aus den folgenden Sprungformen:
- Springen rechts, hoch und runter,
- Springen links, hoch und runter,
- beidbeinig, rechts, links, hoch und runter,
- zwei Stufen nach oben, eine zurück, beid- und einbeinig, hoch und runter,
- Froschhüpfen, hoch und runter,
- beidbeinig mehrere Stufen, hoch und runter,
- Sprunglauf.

Übung 13
Tiefsprünge an Hürden.
Halbe Kniebeuge, mit beiden Beinen abspringen, mit kurzer Haltezeit in halber Kniebeuge (Quadrizepsentwicklung), ohne Haltezeit und hohem Tempo (Wadenmuskulatur).

Übung 14
Hürdenbahn mit unterschiedlicher Höhe.
Sprungfolge: kleiner Sprung, hoher Sprung als Tiefsprung.

Grundsätzliches zum Training der Tiefsprünge
- Tiefsprungtraining führt 5 Tage vor dem Wettkampf zu optimalen Ergebnissen.
- Wiederholungen hängen ab von Alter, Leistungsstand und Leistungsvermögen, in der Regel 6 bis 8 Wiederholungen pro Serie, 3 Serien, gesprungen wird von der Grenzhöhe, Serienpausen bis zu 5 Minuten (vgl. Richter 1983 und Groth 1986).

Trainingsprogramm III
Spezifisches Sprungkrafttraining

Übung 1
Sprungwurfserien mit Gewichtsweste von 9 m Entfernung.
- Wiederholungen 8- bis 12mal,
- 3 Serien,
- Pause 5 Minuten.

Übung 2
Sprungwurfserien mit Gewichtsweste von den Kreis- und Außenpositionen.

Übung 3
Sprungwürfe mit Gewichtsweste, Entfernung zum Tor ca. 10 m. Nach Zuspiel und Rückpaß Wurf, anschließend Tiefsprünge an der kombinierten Kastenbahn.

defensivem Abwehrspieler 5 mit Sprungwurf, bei offensivem 5 Rückpaß zu RM. Abwehrspieler 3 pendelt mit Sidestep zwischen Mal und Abwehr gegen RM hin und her. RL mit Zusatzbelastung (Gewichtsweste oder Fußgelenksgewicht).

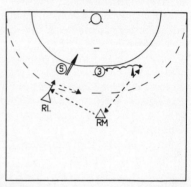

Übung 4

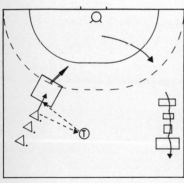

Übung 3

Übung 4
Spiel 2 gegen 2. RM spielt Hin- und Rückpaß mit Abwehrspieler 3. Anschließend Zuspiel in die Vorwärtsbewegung von RL. RL wirft bei

Übung 5
Sprungwurfserien 10 bis 20 Wiederholungen in mehreren Serien über nach Sprung über eine entsprechend hoch gespannte Zauberschnur. Es kann nach Zuspielen von verschiedenen Positionen gedribbelt oder geworfen werden.

Übung 6
Sprungwürfe über hochgestellte Weichbodenmatten. Auch hier werden Anzahl der Wiederholungen und Serien nach Leistungsstand und -vermögen festgelegt.

Kraftausdauer

Bei den Überlegungen zum Krafttraining wurde die Frage nach der Bedeutung des Krafttrainings für den Handballspieler gestellt. Im Ergebnis muß festgehalten werden, daß die Entwicklung der Kraft bei Handballspielern, allgemein überhaupt bei den Sportspielern, differenzierter zu sehen ist als in vielen Individualsportarten. Trotzdem sind zum Beispiel viele Erkenntnisse des Krafttrainings der Leichtathleten auf das der Sportspieler übertragbar.

Dazu gehören die Entwicklung der Maximalkraft unter dynamischen Methoden, soweit sie als Voraussetzung zur Entwicklung der Schnellkraft benötigt wird, sowie die Schnellkraft mit Start- und Explosivkraft, als spezielle Formen die Sprung- und Wurfkraft und die Kraftausdauer.

Kraftausdauer ist notwendig, weil der Spieler in seinem Wettkampf Krafteinsätze über einen längeren Zeitraum realisieren muß. Der Handballspieler muß in der Lage sein, Start-, Sprung- und Wurfleistungen in der Regel über 60 Minuten zu bringen.

So wird der «Trainingskreis» des Handballspielers deutlich:
- Training der Maximalkraft als Voraussetzung für die Schnellkraft.
- Training der Start-, Explosiv-, Sprung- und Wurfkraft.
- Training der Kraftausdauer mit den speziellen Anforderungen der Schnellkraft.

Es gibt nicht nur eine einzige Form der Kraftausdauer. Sie ist abhängig von der Form, die benötigt wird.

Die Ausdauer in der Schnellkraft (Handballspieler, Sprinter) heißt Schnellkraftausdauer, die Ausdauer in der Maximalkraft (Ringer, Ruderer) heißt Kraftausdauer. Wichtig ist die Differenzierung der Kraftausdauer nach
«– der Höhe der Krafteinsätze,
– der Schnelligkeit der Krafteinsätze,
– der Frequenz der Krafteinsätze,
– der Dauer der Krafteinsätze,
– der Häufigkeit der Krafteinsätze»
(H. und M. Letzelter 1986, 118).

Aus dieser Aufstellung werden die Trainingsziele und -anforderungen für das Handballtraining entwickelt. Die Belastung (Zusatzlast) ist nicht hoch (geringe Höhe der Krafteinsätze), ebenso hält sich die Häufigkeit in Grenzen. Wichtig sind jedoch vor allem die Schnelligkeit, Frequenz und Dauer der Krafteinsätze. Bleibt die Frage, mit welcher Methode ein solches Training am besten realisierbar ist.

Methodenbeispiele

(1) Pyramidentraining

Die Zahl der Wiederholungen nimmt beim Pyramidentraining nach oben hin ab, die Belastung zu. In die Pyramide müssen die Gewichte in kg eingetragen werden, die der individuell unterschiedlichen Belastungshöhe entsprechen. Das bedeutet, daß man sowohl mit 40 kg, aber auch mit 70 kg beginnen kann. Die höchste Belastung richtet sich nach der 100%-Marke, die vorher getestet wird.

(2) Pyramidenstumpftraining

Grundsätzlich entwickelt sich das Pyramidentraining von einer breiten Basis her mit geringerer Belastung und einer relativ hohen Wiederholungszahl hin zu wenig Wiederholungen, dafür aber mit zunehmender Belastung.
Dieses Prinzip wird auch beim Pyramidenstumpftraining beibehalten. Allerdings mit dem Unterschied, daß die Zahl der Wiederholungen am Beginn des Trainings geringer ist. Die Anfangsbelastung ist die gleiche. Das Training wird dann nicht bis zur höchsten Belastung in der Spitze fortgeführt, sondern nur zu einer bestimmten Belastung und wird dann nach einer kurzen Pause mit dieser Belastung und der gleichen Wiederholungszahl, abnehmend bis zur usprünglichen Belastung mit den entsprechenden Wiederholungen, beendet.

Beispiel: Entwicklung der Kraftausdauer
(1) Belastung 40%, Wiederholung 12×
(2) Belastung 45%, Wiederholung 10×
(3) Belastung 50%, Wiederholung 8×
(4) Belastung 55%, Wiederholung 6×
(5) Belastung 60%, Wiederholung 4×
Pyramide wird an dieser Stelle «stumpf».
(6) Belastung 60%, Wiederholung 4×
(7) Belastung 55%, Wiederholung 6×
bis Belastung 40%, Wiederholung 12×
Die Bestimmung der Belastungen in Prozenten ist individuell und muß getestet werden. Danach wird die Pyramide entwickelt.

(3) Zirkeltraining

Sowohl nach der Zeit als auch nach der Wiederholungsmethode. Entscheidend ist das Trainingsziel. Danach richtet sich der Einsatz von Zusatzbelastungen, der Zahl der Wiederholungen, der Zahl der Serien und die Länge der Pausen.

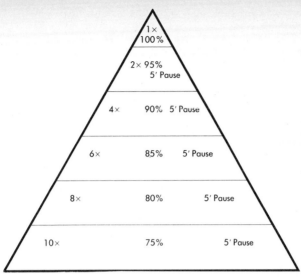

Abb. 13: Pyramidentraining (Mischform)

Abb. 14: Pyramidenstumpftraining zur Kraftausdauer

12×	40%	12×
10×	45%	10×
8×	50%	8×
6×	55%	6×
4×	60%	4×
2×	65%	2×
2×	65%	2×
4×	60%	4×
6×	55%	6×
8×	50%	8×
10×	45%	10×
12×	40%	12×

Trainingsprogramm
Handballspezifischer Zirkel

Schwerpunkte: Schnelligkeitsausdauer, Sprung- und Wurfkraft, Kraftausdauer

	Spieler	Torwarte
Station 1:	Vollball gegen die Wand. Höhe und Abstand markieren (nach Leistungsstand).	Trainer in Bockstellung, TW mit Sprung darüber und tiefe Abwehr rechts – links, zurück durch die gegrätschten Beine, hohe Abwehr rechts – links.
Station 2:	Schlußsprünge auf den hohen Kasten (ab 80 cm).	wie Spieler
Station 3:	Stoßen/Scheibenhantel der Reckstange.	wie Spieler
Station 4:	Medizinball aus dem Sitz über eine Schnur in 2–3 m Höhe werfen und im Sitz wieder auffangen.	Grundschritte von Pfosten zu Pfosten. Ball aufnehmen und zum Trainer an der Mittellinie werfen.
Station 5:	Einbeinsprünge über Hürden.	wie Spieler
Station 6:	Liegestütze auf der Weichbodenmatte.	wie Spieler
Station 7:	Zwei 5-kg-Hanteln abwechselnd rechts – links nach oben stoßen, dabei im Rhythmus Skipping.	wie Spieler
Station 8:	Sprünge nach einer hoch an der Wand angebrachten Markierung.	Bälle auf der 6-m-Linie, TW aus der Grundstellung, Aufnahme der Bälle und Würfe ins andere Tor.

	Spieler	Torwarte
Station 9:	Klimmzüge an der Sprossenwand.	wie Spieler
Station 10:	Abwehrdreieck, Sprint- und Abwehrschritte, Abstand 5 m zwischen den Hütchen.	Hürdenviereck, Abstand 4 m, an jedem Mal Abwehr tief, dazwischen Grundschritte.
Station 11:	Handhanteln 5 kg, Rückenlage auf dem Kasten, seitliches Hochschwingen der Hanteln.	wie Spieler
Station 12:	Bälle vertauschen, 3 Bälle, Strecke 10–12 m (im Sprint von Endpunkt zu Endpunkt und jeweils dabei einen Ball aufnehmen und zur anderen Seite bringen).	Grundposition, Hampelmann nach vorn, zurück, Ball aufnehmen und Wurf auf sich bewegende Ziele an der Mittellinie.

Übungsdauer: 1 Minute   Pause: 30 Sekunden   Durchgänge: 2 bis 4

Ausdauertraining

Formen und Arten der Ausdauer

Bevor die Frage nach Art und Umfang der Ausdauer des Handballspielers beantwortet werden kann, ist eine Begriffs- und Inhaltserklärung erforderlich. Es wird immer wieder festgestellt, daß «reine» Konditionsformen, dazu gehört auch die Ausdauer, im Prinzip im Spiel nicht vorkommen. Sie sind meistens mit anderen Konditionseigenschaften gekoppelt und werden auf diese Weise sicht- und meßbar.

Beim Handballspieler sind es zum Beispiel die Kombination aus Kraft und Ausdauer als Kraftausdauer oder die Kombination aus Schnelligkeit und Ausdauer als Schnelligkeitsausdauer.

Weineck (1980, 44) definiert Ausdauer in Übereinstimmung mit anderen Autoren: «Unter Ausdauer wird allgemein die psycho-physische Ermüdungswiderstandsfähigkeit des Sportlers verstanden.»

Ausdauer kommt in vielen Belastungsformen vor:

- als Belastung mit maximalen Krafteinsätzen,
- als Belastung mit maximaler Bewegungsgeschwindigkeit,
- als Belastung mit submaximaler Bewegungsintensität,
- als Belastung mit geringer Intensität und hohem Umfang.

Daher gibt es in der Fachliteratur die entsprechenden Begriffe wie Kraftausdauer, Sprintausdauer, Schnelligkeitsausdauer, Kurzzeitausdauer, Mittelzeitausdauer und Langzeitausdauer. Neben diesen Formen, die sich aus den unterschiedlichen Belastungen ergeben, gibt es spezielle und allgemeine Formen. Die allgemeine Ausdauer wird als Grundlagenausdauer bezeichnet, während die spezielle Ausdauer die Ausdauer ist, die in der jeweiligen Sportart benötigt wird.

Zu den kombinierten Formen und den grundsätzlichen Arten kommen noch Unterscheidungsmerkmale nach Qualität und Quantität der Belastung, die durch Ermüdungserscheinungen bestimmt werden.

So gibt es die aerobe und die anaerobe Ausdauer, die sich auf die Art der Stoffwechselprozesse beziehen. Bei der aeroben Ausdauer ist ausreichend Sauerstoff zur Verbrennung der Energieträger vorhanden. Bei der anaeroben Ausdauer ist die Sauerstoffzufuhr aufgrund der hohen Belastungen unzureichend. Darum wird die Energie «anoxydativ» (Weineck 1980, 45) bereitgestellt. Weit gefaßt ist darunter zu verstehen, daß die Verbrennung der Energie mit besonders belastenden Abfallprodukten (Laktat) in größeren Mengen über einen relativ kurzen Zeitraum abgewickelt wird.

Weiter wird unterschieden zwischen statischer und dynamischer Ausdauer. Sie beziehen sich auf die Art der Muskelkontraktionen.

Zusammengefaßt ergeben sich für den Begriff der Ausdauer folgende Erkenntnisse:
- Unterscheidung nach allgemeiner und spezieller Ausdauer.
- Unterscheidung nach Qualität und Quantität der Belastung als aerobe und anaerobe Ausdauer.
- Nach Art der Muskelkontraktionen als statische oder dynamische Ausdauer.
- Nach unterschiedlichen Belastungsformen, woraus sich die verschiedenen Kombinationen mit anderen Konditionseigenschaften ergeben.

Trainingsmethoden der Ausdauer

Hier soll zunächst ebenfalls eine allgemeine Begriffsklärung vorangestellt werden. Grundsätzlich leiten sich die Trainingsmethoden von der geforderten Art der Belastung ab, also nach dem Trainingsziel.

Wenn Kurz-, Mittel- oder Langzeitausdauer, Kraftausdauer, Schnelligkeitsausdauer, Sprintausdauer trainiert werden sollen, dann sind die Anforderungen an die aerobe Kapazität oder die anaerobe Kapazität besonders hoch. Es ist zu bestimmen, ob die Anforderungen an bestimmte Muskelgruppen gerichtet oder ganzkörperlich sind. Schließlich: sollen die Belastungsmethoden kontinuierlich, im Wechsel zwischen hohen und niedrigen Belastungen, wiederholend oder auch als Wettkampf eingesetzt werden?

Aus systematischen Gründen sind diese Komplexe getrennt. Das heißt aber nicht, daß ihre Behandlung auch so eindeutig getrennt möglich ist. Wie fast immer sind alle Bereiche in ihrer Wirkungsweise verknüpft, so auch hier. Trotzdem können die Schwerpunkte der einzelnen Bereiche je nach Art des Trainingszieles herausgehoben werden.

Entscheidend bei der Ausprägung der Ausdauer ist die Frage nach den Belastungsmethoden. Das folgende Schaubild vermittelt einen Eindruck über die wichtigsten Trainingsmethoden der Ausdauer (vgl. auch Weineck 1980, 62).

58 Ausdauertraining

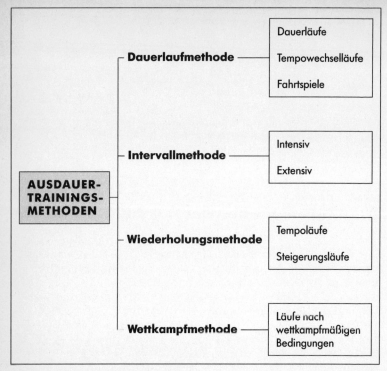

Abb. 15: Trainingsmethoden der Ausdauer

Dauerlaufmethode
Kennzeichnend für die Dauerlaufmethode ist die Verbesserung der aeroben Kapazität. In Abhängigkeit von Umfang und Intensität der Ausdauerbelastungen sind durch diese Trainingsmethode unterschiedliche Effekte zu erzielen.

Das extensive Dauerlauftraining, d. h. das Training mit geringer Intensität, aber hohem Umfang (ca. 1 bis 2 Stunden), sollte im Bereich der aeroben Schwelle (Herzfrequenz etwa 150 bis 160 Schläge pro Minute) durchgeführt werden. Diese Schwelle wird durch die Laktatanhäufung (Abfallprodukt der Energieumwandlung beim Stoffwechsel) im Blut gekennzeichnet. Gemessen wird der Laktatspiegel in mmol/l. Die Grenzwerte der sogenannten Schwelle liegen bei 4 mmol/l. Unterhalb bewegt sich die Ausdauerleistung im aeroben Bereich (daher geringe Intensität), oberhalb im anaeroben Bereich (hohe Intensität).

Die extensive Dauerlaufmethode führt zu einer Verbesserung der Kreislaufgrößen, vor allem des Herzminutenvolumens durch mehr Blutdurchlauf innerhalb einer Minute. Darüber hinaus wird der Fettstoffwechsel beansprucht, d. h., die angelagerten Fettreserven werden dann angegriffen und zur Verbrennung herangezogen, wenn die Glykogenvorräte erschöpft sind.
Ein Nachteil dieses Trainings könnte daraus entstehen, daß der Spieler danach oft nicht mehr in der Lage ist, hohe Arbeitsintensitäten, wie sie bei häufigem Tempowechsel entstehen, durch einen erhöhten Glykogenabbau über längere Dauer zu ertragen. Das Handballspiel ist aber gerade durch den dauernden Tempowechsel gekennzeichnet. Deshalb sollte zur Verbesserung der allgemeinen aeroben Ausdauer mehr auf das intensive Dauerlauftraining zurückgegriffen werden.
Das intensive Dauerlauftraining ist ein Training mit höherer Intensität, aber geringerer Dauer. Es sollte im Bereich der anaeroben Schwelle durchgeführt werden bei einem Pulsschlag von ca. 170 Schlägen pro Minute und kann etwa 45 bis 60 Minuten durchgehalten werden. Es bewirkt ebenfalls eine Verbesserung der Kreislaufgrößen, aber insbesondere eine Verbesserung der Muskelstoffwechselkapazität, d. h. eine Vergrößerung der Glykogenspeicher.
Da die vollständige Erholung (Auffüllung der Glykogenspeicher) erst nach zwei Tagen wieder erreicht ist, sollte das intensive Dauerlauftraining nicht häufiger als zwei- bis dreimal pro Woche durchgeführt werden. Das Dauerlauftraining sollte sich nicht nur auf die Vorbereitungszeit beschränken, nach Möglichkeit kann es Bestandteil des Trainings während des ganzen Jahres sein (vgl. Trosse 1985, 83).

Intervallmethode

Auch das Training mit Intervallmethode kann extensiv und intensiv durchgeführt werden. Daneben wird noch nach der Länge des Belastungszeitraumes unterschieden in Kurzzeitintervalle von 15 bis 60 Sekunden, Mittelzeitintervallen von 1 bis 8 Minuten und Langzeitintervalle von 8 bis 15 Minuten.
Kennzeichen des *extensiven Intervalltrainings* ist ein hoher Umfang bei kleiner Intensität.
Kennzeichen des *intensiven Intervalltrainings* ist hohe Intensität bei geringem Umfang.
Charakteristisch für das Intervalltraining ist, daß die Pausen zwischen den Belastungen zeitlich so begrenzt sind, daß keine vollständige Erholung stattfindet. Das heißt, daß der Spieler während der Erholungsphase einer weiteren Belastung ausgesetzt wird (Superkompensation). Der folgende Belastungsreiz erfolgt, wenn die Pulsfrequenz auf etwa 120 bis 140 Schläge pro Minute abgefallen ist. Bis zur vollständigen Erholung müßte man unverhältnismäßig lange warten. Da durch die unvollständige Pause die

Kreislaufgrößen und die Stoffwechselvorgänge noch nicht wieder zur Ruhelage zurückgekehrt sind, kommt es bei beiden Formen zu einer ausgeprägten Herzvergrößerung sowie zu einer Verbesserung der Stoffwechselvorgänge. Bei einer Belastungsdauer von etwa 1 bis 4 Minuten und hoher Belastungsintensität (intensives Intervalltraining) kommt es zu einer verbesserten Energiebereitstellung durch die anaerobe Glykolyse und damit zur verbesserten anaeroben Kapazität. Diese Kapazität ist weitgehend die Form, die der Handballspieler für seine schnellen und ausdauernden Leistungen benötigt. Bei der extensiven Intervallmethode steht die Verbesserung der aeroben Kapazität im Vordergrund (vgl. Trosse 1985, 83).

Wiederholungsmethode
Bei dieser Methode wird eine gewählte Strecke nach jeweils vollständiger Erholung mehrmals mit maximal möglicher Geschwindigkeit durchlaufen. Da die Belastungsintensität sehr hoch ist, kann die Zahl der Wiederholungen nicht besonders groß sein. Alle Atmungs-, Kreislauf- und Stoffwechselgrößen kommen bei dieser Methode durch die vollständige Erholung zu ihren Ausgangswerten zurück. Die Wiederholungsmethode erfordert jedesmal eine neue Steuerung aller Vorgänge und ist darum besonders gut geeignet, um das Koordinationsverhalten zu schulen. Außerdem können je nach Streckenlänge die verschiedenen Energiespeicher (Phosphate und Glykogen) besonders schnell und vollständig entleert werden, so daß danach eine verbesserte Wiederauffüllung stattfinden kann.

Wettkampfmethode
Diese Trainingsmethode wird dann wirksam, wenn der Spieler seine Bewegungen und Spielfertigkeiten, einschließlich der konditionellen Eigenschaften, stabilisiert hat und in der Lage ist, ihren Einsatz taktisch zu steuern. Somit wird die Wettkampfmethode zu einer Kontrolle der erarbeiteten Trainingsergebnisse unter wettkampfmäßigen Bedingungen. Die angewendeten Übungsformen sind vorwiegend Komplexübungen, d. h. Übungen unter spielnahen Bedingungen mit wettkampfmäßigem Charakter.

Trainingsprogramm I
Intensive und extensive Dauerlaufmethode

Übung 1
Dauerläufe nach Zeit (zwischen 45 und 120 Minuten) mit unterschiedlicher Intensität (je nach Trainingsziel: aerobe oder anaerobe Kapazität).

Übung 2
Dauerläufe nach Strecken von 5000 bis 10000 m Länge.

Übung 3
Dauerläufe nach Strecke und Zeit, z. B. 5000 m in 20 bis 22 Minuten.

Übung 4
Crossläufe unter Einbeziehung aller Geländehindernisse nach Strecke oder Zeit.

Übung 5
Dauerläufe nach der Weg-Zeit-Methode. Dem Spieler wird eine bestimmte Zeit (30 bis 60 Minuten z. B.) als Laufzeit vorgegeben. Gemessen wird die in dieser Zeit zurückgelegte Strecke. Dem Spieler wird eine bestimmte Strecke vorgegeben. Hier wird die Zeit gemessen, die der Spieler braucht, um die Strecke zu durchlaufen.

Übung 6
Fahrtspiel. Das Wesen des Fahrtspieles liegt darin, Tempo des Laufens und unterschiedliche Strecken im Gelände zu variieren. Es soll beispielsweise bis zu 60 Minuten im Gelände (Wald) gelaufen werden. Während des Laufens wird das Tempo ständig gewechselt. Die Länge der Strecken, die schneller gelaufen werden sollen, werden variiert. Ebenso soll auch eine Veränderung der Laufzeiten stattfinden. Diese Form des Geländelaufes ist eine besonders motivierende Form der Dauerlaufmethode.

Trainingsprogramm II
Intensive und extensive Intervallmethode

Übung 1
Intervalldauerlauf. Eine Strecke von 200 m wird in einer Zeit von 30 bis 33 Sekunden durchlaufen. Die folgende 200-m-Strecke wird getrabt. Anschließend wird wieder mit erhöhtem Tempo über 200 m in 30 bis 33 Sekunden gelaufen.
Je nach Leistungsstand Wiederholungen bis zu 10 Serien bei größeren Pausen.

Übung 2
Die gleiche Übungsform über 400 m. Zeit: 80–85 Sekunden.
Wiederholungen: 8.
Serien: 1–3.

Übung 3
Minutenläufe. Die Spieler laufen nacheinander: 1 Minute – 2 Minuten – 3 Minuten – Pause 5 Minuten. Zwischen den Minutenläufen liegen Trabepausen mit nicht vollständiger Erholung.
Wiederholungen nach Leistungsstand.

Übung 4
Minutenläufe. Die Spieler laufen nacheinander: 1 Minute – 2 Minuten – 3 Minuten – 2 Minuten – 1 Minute. Dazwischen ausreichende Trabepausen.
Wiederholungen nach Leistungsstand.

Übung 5
Streckenintervalle. Die Spieler laufen nacheinander über:
100 m in 15 Sekunden – Pause 3 Minuten.
200 m in 33 Sekunden – Pause 3 Minuten.
400 m in 85 Sekunden – Pause 5 Minuten.
Wiederholungen nach Trainingszustand.

Übung 6
Kurze Hügelläufe. Strecke am steilen Hang, Länge 30 bis 150 m. Die Strecke wird mit hohem Tempo durchlaufen, traben zurück, erneuter Tempolauf.
Wiederholungen 10 bei 150 m, 20 bei 30 m. Serien nach Leistungsstand.

Trainingsprogramm III
Wiederholungsmethode

Übung 1
Tempoläufe zwischen 30 m und 150 m: Läufe mit hoher Intensität. Es ist darauf zu achten, daß die Erholungspausen vollständig sind. Die Anzahl der Wiederholungen richtet sich nach dem Leistungsstand, genau wie die Zahl der Serien. Eine Kontrolle ist dadurch möglich, indem man bei der Zeitkontrolle feststellt, ob alle Läufe in der vorgegebenen Sollzeit liegen.

Übung 2
Tempoläufe nach Zeit: Die Zeiten werden für eine Streckenlänge zwischen 15 m und 40 m festgelegt. Dabei ist auf eine ausreichende Erholung zu achten!

Übung 3
Tempoläufe nach Zeit: Wie in Übung 2, die Strecken sind 200 m bis 400 m lang.

Übung 4
Tempowechselläufe: Bei den Tempowechselläufen kommt es zu einem periodischen Wechsel der Beschleunigung über verschiedene Abschnitte der gesamten Strecke.

Übung 5
Läufe mit dem Ball in der Halle: Sie sollten auch unter den Anforderungen des Wiederholungstrainings gesehen werden. Also Schnelligkeit mit anschließender vollständiger Erholungspause.
Beispiele sind:
- Lauf mit Balldribbeln, Strecken werden festgelegt, genau wie die Wiederholungen und die Pausen,
- Lauf mit Ballrollen,
- Lauf mit Balldribbeln und Torwürfe,
- Gegenstoßläufe mit Dribbeln.

Schnelligkeitsausdauer

Dem Bereich Schnelligkeitsausdauer muß genau wie dem Wurf- und Sprungkrafttraining besondere Aufmerksamkeit gewidmet werden. Diese drei Komponenten sind im wesentlichen die leistungsbeschränkenden Faktoren konditioneller Eigenschaften im Handballspiel. Da sie im Training hervorragend als Komplexübungen mit dem Ball kombiniert werden können, sind sie nicht nur eine äußerst wirksame Trainingsform, sondern darüber hinaus auch besonders motivierend.

Unter Schnelligkeitsdauer versteht man im Handballspiel die Eigenschaft, bestimmte Spielhandlungen mit größter Schnelligkeit über einen längeren Zeitraum durchführen zu können. Diese Schnelligkeitsausdauer kann mit sehr vielen verschiedenen Übungsformen entwickelt werden. Als Methode kommt besonders die intensive Intervallmethode in Frage.

Einige Beispiele zum Training der Schnelligkeitsausdauer sind Tempoläufe, intensive Dauerläufe, Fahrtspiele, Tempowechselläufe, Steigerungsläufe, Hügelläufe oder Sprints mit und ohne Zusatzbelastungen.

Schwerpunkt für die Entwicklung der Schnelligkeitsausdauer dürfte die Vorbereitungszeit sein. Trotzdem ist gerade dieses Training aber auch Inhalt des gesamten Jahresplanes, also fast durch alle Perioden hindurch, weil der Konditionsstand auch während der Wettkampfperiode erhalten bleiben muß. Der Inhalt der Trainings der Schnelligkeitsdauer ist allerdings unterschiedlich. Während in der Vorbereitungszeit im Freien auch solche Formen angewendet werden können, wie sie bereits beschrieben wurden, sollte das Training in der Halle vor allem ballbezogen sein.

Wenn davon gesprochen wurde, daß die ballbezogenen Übungen besonders motivierend sind, auch und besonders bei der Entwicklung der Kondition, dann haben wir hier die Möglichkeit, intensiv zu trainieren, denn die spezifische Form des Trainings der Schnelligkeitsausdauer ist das Training des einfachen und erweiterten Gegenstoßes. Dieses Training ist effektiv und motivierend, weil alle Spieler gleichzeitig in das Trainingsgeschehen eingebunden werden. Ein zweiter Vorteil liegt darin, daß mit dem Ball trainiert werden kann.

Trainingsprogramme zum Gegenstoß lassen sich unter verschiedenen Organisationsformen entwickeln. Dazu gehören:
- Gegenstoß 1:0 – 1 Spieler läuft allein, Zuspiel durch den TW
- Gegenstoß 2:0 – 2 Spieler laufen als Partner
- Gegenstoß 3:0 – 3 Spieler laufen miteinander
- Gegenstoß 1:1 – 1 Gegenstoßläufer, 1 Abwehrspieler
- Gegenstoß 2:1 – 2 Angreifer, 1 Abwehrspieler
- Gegenstoß 2:2 – 2 Angreifer, 2 Abwehrspieler
- Gegenstoß 3:2 – 3 Angreifer, 2 Abwehrspieler
- Gegenstoß 3:3 – 3 Angreifer, 3 Abwehrspieler

Darüber hinaus sind natürlich andere Kombinationen denkbar, die aber nicht mehr ganz in die Spielnähe kommen, wie z. B. die Kombinationen 3:1, 4:1, 4:2, 4:3 sowie alle 5er-Formen mit Abwehrspielern usw. Hieraus lassen sich auch für alle Formen Trainingsprogramme entwickeln. Hier sollen aber nur wenige ausgewählt und dargestellt werden. Sie gelten gleichzeitig als Beispiele für andere Programme oder mögliche Weiterentwicklungen.

Trainingsprogramm I
Schnelligkeitsausdauer mit Gegenstößen 1:0 und 1:1

Übung 1 (1:0)
LA oder RA passen zum TW und laufen dann abwechselnd den Gegenstoß. Der TW spielt den Ball noch vor Erreichen der Mittellinie zurück, so daß die Spieler den zweiten Abschnitt bis zum Torwurf im Dribbeln zurücklegen.
Variante:
- Der TW spielt einen langen Paß, Abschluß ohne Dribbeln und Tippen.

Übung 2 (1:0)
Auf der Mittellinie liegen eine Anzahl Bälle. LA und RA (von beiden Toren möglich) starten aus ihren Positionen, nehmen einen Ball auf, werfen aufs Tor, laufen zum nächsten Ball, wiederum mit Torabschluß, bis alle Bälle aufgenommen und aufs Tor geworfen worden sind. Damit ist für einen Spieler ein Durchgang beendet.
Varianten:
- Die Bälle werden näher/weiter entfernt vom Tor aufgenommen.
- Die Ablaufposition der Spieler wird verändert.
- Die Anzahl der Bälle verändern.

Übung 3 (1:0)

Der Spieler führt an der eigenen Position Abwehrgrundschritte durch. Der Bereich wird durch Hütchen markiert. Die Anzahl der Sidesteps sowie die Richtung wird vorher festgelegt. Nach beendeter Abwehraufgabe läuft der Spieler zum Gegenstoß, erhält den Paß (kurz oder lang) vom TW und schließt mit Torwurf ab.

Varianten:
- Die Zusatzaufgabe wird anders gestaltet.
- Ablaufpositionen werden geändert.
- Die Zusatzaufgabe wird nach dem Gegenstoß durchgeführt.
- Der Gegenstoß wird durch eingebaute Hindernisse erschwert.

Übung 4 (1:0)

5 Spieler spielen sich im Positionsangriff den Ball zu. Nach dem Torwurf starten LA oder RA (im Wechsel) zum Gegenstoß und werfen aufs Tor.

Variante:
- Die Anzahl der Pässe vor dem Gegenstoß wird festgelegt.
- Der Torwurf aus dem Positionsspiel kommt unvorbereitet.
- Der ablaufende Gegenstoßspieler wird bestimmt oder nicht bestimmt (1:0).

Übung 5 (1:1)

Trainer paßt zum TW. Dieser spielt einen von zwei gegenstoßlaufenden Spielern an (Ablaufposition LA und RA). Der Ballhalter versucht einen Torwurf, der zweite Spieler versucht das zu verhindern.

Übung 6 (1:1)

LA dribbelt aus seiner Position zur Gegenseite. RA startet gleichzeitig und versucht den Torwurf von LA zu verhindern.

Übung 7 (1:1)

Die Position LA ist von 2 Spielern besetzt. Der Gegenstoßläufer steht ungefähr 1 m vor dem Abwehrspieler. Ablaufsignal für beide Spieler ist der Wurf aufs Tor durch den Trainer, der am 7-m-Punkt steht.

Übung 8 (1:1)

Die Positionen LA und RA sind durch mehrere Spieler besetzt. LA oder RA werfen abwechselnd den Ball zum TW und starten zum Gegenstoß. Außerhalb des Spielfeldes in Höhe der Mittellinie stehen die Abwehrspieler auf beiden Seiten. Nach Paß vom TW an LA oder RA startet immer der auf der anderen Seite (zu LA oder RA) stehende Abwehrspieler und versucht den Torwurf abzuwehren.

ARBEITSAUFGABEN

(1) Fertige Skizzen nach den Beschreibungen an.
(2) Suche Varianten zu den beschriebenen Übungsformen.
(3) Ergänze das Trainingsprogramm durch weitere Übungen mit dem Schwerpunkt 1:0 oder 1:1.

Trainingsprogramm II
Schnelligkeitsausdauer mit Gegenstößen 2:0 und 2:1

Übung 1 (2:0)
Zwei Spieler laufen im Abstand von 3 bis 4 m nebeneinander von Tor zu Tor. Einer der beiden Spieler schließt mit einem Torwurf ab. Danach wechseln beide auf die Außenbahnen der Halle, einer von ihnen wird vom TW angespielt, dieser spielt den Paß weiter zu Spieler Nr. 2, der aufs Tor wirft.

Übung 2 (2:0)
LA, RL, RM, RR und RA passen sich im Angriff den Ball zu. Die Abwehrspieler 6 und 1 reagieren mit Abwehrbewegungen gegen diese fünf Angreifer. Von einer Position aus erfolgt der Torwurf. Dieser ist das Signal für die beiden Abwehrspieler, den Gegenstoß zu laufen. Mit möglichst wenigen Zuspielen und einem hohen Tempo wird der Gegenstoß mit einem Torwurf durch einen der beiden Spieler abgeschlossen. Während die ersten beiden Abwehrspieler den Gegenstoß laufen, sind bereits die beiden nächsten Abwehrspieler gegen die fünf Angreifer in Abwehrposition. So muß ein schneller Wechsel zwischen den vier Abwehrspielern erfolgen.

Übung 3 (2:0)
LA und RA stehen in ihren Positionen. Einer spielt den Torwart an, beide starten zum Gegenstoß. Der TW spielt einen Kurzpaß zu einem der beiden Spieler zurück, während der andere mit hohem Tempo sprintet, den 2. Paß aufnimmt und wirft. Auf der Gegenseite erfolgt ein Rollentausch.

Übung 4 (2:0)
LA und RA befinden sich in ihren Positionen. Erster Paß geht zum TW, beide starten zum Gegenstoß. Die Laufrichtung ist diagonal, RA läuft zur gegenüberliegenden LA-Position und LA zur RA-Position. Der Paß vom TW geht zu einem der beiden Spieler. Im Schnittpunkt des Kreuzens der beiden Spieler erfolgt der nächste Paß, der zweite Spieler schließt dann mit Torwurf ab.

Übung 5 (2:0)
RL und RR stehen in den Außenpositionen. LA und RA an der Mittellinie. RL bzw. RR spielen abwechselnd den TW an, laufen ca. 15 bis 20 m in Richtung Mittellinie und spielen die inzwischen von dort gestarteten LA oder RA an, die mit Torwurf abschließen.

Übung 6 (2:1)

Ein Abwehrspieler steht auf dem 7-m-Punkt. LA und RA sind auf den Außenpositionen. Der Abwehrspieler wirft aufs Tor, die beiden Außen starten, der TW spielt einen von ihnen an, während der Abwehrspieler versucht, die Pässe zwischen den beiden abzufangen oder den Torwurf zu verhindern.

Übung 7 (2:1)

Die beiden Angreifer stehen in ihren Positionen, der Abwehrspieler erwartet sie an der Mittellinie (auch näher zum anderen Tor). Nach Zuspiel an den TW, Ablauf und Aufnahme des Passes vom TW, versuchen die beiden gegen den Abwehrspieler ein Tor zu erzielen.

Übung 8 (2:1)

RL und RR passen sich den Ball zu und schließen mit einem Torwurf ab. Zwischen ihnen etwas zurückgezogen wartet der Abwehrspieler. Nach dem Torwurf starten RL und RR zum Gegenstoß, erhalten den Paß vom TW und schließen mit einem Tor ab. Der Abwehrspieler versucht den Torwurf oder die Paßfolge zu verhindern.

Grundregel:
Alle Gegenstoßhandlungen müssen mit hohem Tempo durchgeführt werden. Die Zahl der Wiederholungen soll pro Serie nicht unter 10 liegen. Wieviel Serien gelaufen werden, hängt vom Leistungsvermögen der Spieler ab. Die Pausen sind unvollständig, d. h., sie bieten keine vollständige Erholung.

ARBEITSAUFGABEN

(1) Fertige Skizzen nach der Beschreibung an und zeichne sie so groß, daß sie als Anschauungsmaterial mit ins Training genommen werden können.

(2) Ergänze das 2:0- und 2:1-Programm durch neue Übungsformen.

Schnelligkeitstraining

Für den Handballspieler ist die Schnelligkeit entscheidende Grundlage der Konditionseigenschaften, obwohl Kraft und Ausdauer ebenfalls ihren Platz im Handballtraining haben. Die Bewegungen des Handballspielers sind schnell und explosiv. Diese Feststellung ist die Grundlage der Überlegungen zum Schnelligkeitstraining im Handball. Schnelligkeit ist nicht nur für die Sprintfähigkeit von Bedeutung, sie ist genauso wichtig für die Würfe und Sprünge sowie die Spielfertigkeiten wie Zuspielen, Annehmen und Führen des Balles. Neben der allgemeinen Schnelligkeit sind auch spezifische Formen der Schnelligkeit im Handball wirksam.

Schnelligkeit bezieht sich auf die Zeit, die notwendig ist, um eine bestimmte Distanz zurückzulegen, d. h., sie ist die Fähigkeit, sich mit höchster Geschwindigkeit fortzubewegen.

Die leistungsbestimmenden Komponenten der Schnelligkeit sind die

- Reaktionszeit oder Reaktionsgeschwindigkeit,
- das Beschleunigungsvermögen,
- die Aktionsschnelligkeit oder Bewegungsschnelligkeit und
- die Schnelligkeitsdauer.

Die Reaktionsschnelligkeit (Reaktionszeit) ist die Fähigkeit, auf einen Reiz schnell zu reagieren (Letzelter 1978, 191). Sie ist weitgehend von der Veranlagung bestimmt und unterschreitet normalerweise nicht die Grenze von 0.1 Sekunden. Der Handballspieler ist in hohem Maße von dieser Eigenschaft abhängig, weil er schnell reagieren muß. Die ankommenden Signale sind vielschichtig und unterschiedlich (akustisch, optisch). Der Handballspieler muß daher Fähigkeiten entwickeln, die es ihm erlauben, die vielen Signale schnell auszuwerten, um entsprechend reagieren zu können. Da aber Reaktionsfähigkeit und Reaktionsschnelligkeit nur begrenzbar trainiert und verbessert werden können, muß das schnelle Reagieren mit weiteren Fähigkeiten entwickelt werden.

Die Reaktionsfähigkeit kann in Verbindung mit der Antizipation verbessert werden. Antizipation bedeutet, aus Handlungen der Mit- und Gegenspieler auf Folgehandlungen zu schließen. Das ist durch genaue Beobachtung der Bewegungen möglich (Handstellungen, Blickrichtungen, Achsenstellungen im Körper, Kenntnis über Umkehrpunkte bei Bewegungen). Das Training der Antizipation erfordert vor allem die Schulung der Wahrnehmungsfähigkeit und des peripheren Sehens (Blickwinkelvergrößerung). Das Training der Reaktionsschnelligkeit wird daher besonders mit dem Training der Antizipation und der Aktionsschnelligkeit verbunden werden müssen.

Die Frage der Bedeutung des Beschleunigungsvermögens für den Handballspieler ist im wesentlichen bereits beim Schnellkrafttraining beantwortet worden. Dieses Training gehört vorwiegend in den Bereich des leichtathletischen Trainings, speziell ins Sprinttraining, weil die Länge des Beschleunigungsweges und die Höhe der Beschleunigung für die Sprintleistung ausschlaggebend sind. Der Handballspieler ist auf diese Eigenschaft angewiesen, braucht sie aber aufgrund der kurzen Sprintwege in der Halle nicht unbedingt.

Bei der Aktions- oder Bewegungsschnelligkeit geht es um die Fähigkeit, mit Hilfe der Beweglichkeit, der nervalen, muskulären Prozesse und des Wahrnehmungsvermögens bestimmte Handlungen in kürzester Zeit durchzuführen. Von Grosser (1976, 176) wird diese Fähigkeit auch als Schnellkoordination bezeichnet. Diese Eigenschaft braucht der Handballspieler besonders, weil seine Bewegungen zum Teil aus komplizierten Einzelbewegungen in Verbindung mit grundlegenden Eigenschaften bestehen, z. B. Springen und Werfen in Verbindung mit Spielfertigkeiten.

Die Aktions- und Bewegungschnelligkeit ist durch eine Reihe von Faktoren wie Startschnelligkeit, Explosivität (Explosivkraft, Kraft schnell umsetzen können), Sprintschnelligkeit, Sprintausdauer, Wahrnehmungsfähigkeit, peripheres Sehen und Antizipationsfähigkeit bestimmt.

Diese Eigenschaften, bezogen auf die Handlungen eines Handballspiels, sind besondere Voraussetzungen aller Spielfertigkeiten sowie der technischen und taktischen Maßnahmen des Angriffs und der Abwehr. Daraus folgt, daß das Training der Aktionsschnelligkeit in Verbindung mit Wahrnehmungsaufgaben und dem sich daraus ergebenden Antizipationstraining eine wichtige Rolle im Handballtraining spielen sollte (Entscheidungstraining).

Durch komplexe Übungsformen läßt sich die Aktionsschnelligkeit besonders gut trainieren. In der Trainingspraxis wird das Training der Aktionsschnelligkeit oft mit dem Training der Startschnelligkeit, der Beschleunigung in Verbindung mit den Spielfertigkeiten innerhalb eines Entscheidungstrainings vollzogen. Das schließt aber nicht aus, daß die einzelnen Komponenten auch einzeln gelöst schul- und trainierbar sind. Solche Trainingsformen sind beispielsweise Startübungen, Reaktionsübungen, kleine Spiele und Staffeln, Lauf- und Richtungswechselübungen, individuelle Übungen des Angriffs und der Abwehr und gruppentaktische Übungen für den Angriff und die Abwehr.

Dabei können akustische (Pfiff, Zuruf, Handklatsch), optische (Handheben, Lichtsignale, Farbkarten) und taktile Signale (Berührungen mit und ohne Geräte) eingesetzt werden.

Trainingsprogramm I
Schnelligkeit mit Startübungen

Übung 1
Start aus dem Stand. Die Spieler stehen alle nebeneinander auf der Torauslinie. Auf ein Signal hin (optisch, akustisch) erfolgt der Start. Dabei wird die Länge der Start- und Sprintstrecke vorgegeben.
Varianten:
– Start aus der Gegenstellung, Drehung um 180° und Sprint.
– Start mit leichten Zusatzbelastungen.
– Veränderung der Laufstrecke.

Übung 2
Die Spieler erhalten eine Nummer. Der Trainer ruft die Nummer auf (Karte mit Nummer zeigen). Der so aufgerufene Spieler startet und sprintet.

Übung 3
Die gleiche Idee. Jetzt bekommen immer zwei Spieler eine Nummer, der eine wird zum Fänger. Der erste Läufer erhält beim Start einen Raumvorsprung von 1 m bis 1,50 m. (Hier können auch andere Entfernungen gelten, abhängig vom Leistungsvermögen.) Die Startsignale können wieder unterschiedlich sein.

Übung 4
Die Spieler starten alle aus der Hockstellung. Zu diesem Zweck werden Hände und Arme hinter dem Kopf verschränkt und erst dann gelöst, wenn sie sich aufgerichtet haben (Starten ohne Hilfe der Hände).

Übung 5
Die Spieler starten aus der Bauchlage. Dabei zeigen Kopf und ausgestreckte Arme in Laufrichtung.
Variante:
Kopf und Arme zeigen in Gegenrichtung.

Übung 6
Die Spieler befinden sich in Rückenlage. Kopf und ausgestreckte Arme zeigen in Laufrichtung.
Variante:
Rückenlage, Kopf und Arme in Gegenrichtung.

Trainingsprogramm II
Starts mit Übergängen und Richtungswechseln

Übung 1
Start aus dem Stand, kurzer Sprint, Stoppen, Traben, Sprint. Strecken vorher festlegen.

Übung 2
Start aus der Gegenstellung mit Geschwindigkeitswechseln.
Varianten:
- Start aus der Hocke,
- Start aus dem Liegen, verschiedene Stellungen,
- Start aus verschiedenen Stellungen mit Drehungen um 90°, 180° und 360°.

Übung 3
Start aus verschiedenen Stellungen mit Drehungen und Geschwindigkeitsveränderung.

Übung 4
Startübungen mit Drehungen um 90° nach rechts und links. Es wird in dieser Richtung weitergelaufen. Die Streckenlänge kann unterschiedlich sein – bis zur 9-m-Linie oder auch bis zur Mittellinie.

Übung 5
Sprint bis 6 m, Drehung um 90°, Sprint in die neue Richtung, Drehung 90°, Traben, Sprint, Drehung, Traben, Stoppen, halbe Drehung usw.

Übung 6
Laufen vorwärts, rückwärts, diagonal über verschieden lange Strecken.

Übung 7
Laufen im Dreieck, Viereck, im Kreis, mit Kombinationen zwischen vorwärts, rückwärts und diagonal laufen.

Übung 8
Slalomläufe zwischen engen und weiten Hindernissen.

Methodische Hinweise
- immer höchstes Bewegungstempo,
- ausreichende Erholungspause,
- Beherrschen der Technik, um sich auf die geforderte Bewegung einstellen zu können.

Trainingsprogramm III
Laufspiele und Staffeln

Übung 1
Massenwettläufe mit Hindernissen. Das Ziel wird vorgegeben, es muß so schnell wie möglich erreicht werden. Als Hindernisse dienen Kästen, Bänke, Linien.
Varianten:
- zu zweit laufen mit Handfassung,
- Änderung der Fortbewegungsart,
- Einsammeln von Geräten.

Übung 2
Sechstagerennen. Es ist möglich, einzeln oder in Gruppen zu laufen. Zwei Gruppen Einzelläufer stehen sich auf einem Startpunkt an den Seiten der Halle gegenüber. Nach dem Startsignal wird um eine markierte Bahn gelaufen.
Dabei gibt es mehrere Möglichkeiten:
- Jede Gruppe versucht der anderen nach einer bestimmten Zeit einige Meter abzunehmen.
- Die Gruppen versuchen sich gegenseitig einzuholen.
- Es wird nach Zeit gelaufen, die gewonnenen Meter werden gemessen.
- Es wird nach vorgegebener Strecke gelaufen. Auch hier zählt der Vorsprung.

Übung 3
Nummernwettläufe. Jede Gruppe (Spieler) erhält eine Nummer oder einen Buchstaben. Nach Aufruf wird eine bestimmte Strecke hin und zurück gelaufen.
Varianten:
- Slalomläufe, Mehrfachläufe, veränderte Fortbewegung.

Übung 4
Reaktionsspiel Tag und Nacht. Die Spieler stehen sich im Abstand von 1 m bis 1,50 m gegenüber. Eine Mannschaft ist die «Tagpartei», die andere die «Nachtpartei». Bei Signal «Tag» laufen die Spieler der «Tagpartei» zu einem vorher festgelegten Mal, während die Spieler der anderen Partei sie abzuschlagen versuchen.
Varianten:
- Die Spieler nehmen verschiedene Stellungen ein: Gegenstellung, Hocke, Sitzen, Liegen.
- Zwischen beiden Parteien liegen Bälle. Die Fängerpartei versucht die weglaufenden Spieler abzuwerfen.
- Es können andere (optische) Startsignale eingesetzt werden.
- Die Fortbewegungsart kann verändert werden: Hinken ein- und beidbeinig, Froschhüpfen, Rückwärtslaufen, Seitwärtslaufen, Kriechen, Krebsgang usw.

Übung 5
Diebschlagen. Zwei Mannschaften stehen an Begrenzungslinien. Die Mannschaften bestehen aus Dieben und Fängern. Die Diebe holen die Bälle, die Fänger versuchen, das zu verhindern. Da das Aufnehmen der Bälle mehr Zeit kostet, ist die Strecke der Diebe kürzer. Gestartet wird nach Signalen, entweder einzeln oder in der Gruppe.

Übung 6
Rücklauf- und Pendelstaffeln. Die Spieler laufen einzeln gegeneinander, als Gruppe, mit Hindernissen, mit und ohne Geräte, mit verschiedenen Fortbewegungsarten, mit verschiedenen Streckenlängen, mit Mehrfachläufen.

Methodische Hinweise
- Beachte das Schnelligkeitstrainingsprinzip!
- Mit Höchstgeschwindigkeit laufen!
- Vollständige Erholungspausen einlegen lassen! (Kontrollierbar durch den Pulsschlag!)

ARBEITSAUFGABEN
(1) Suche zu allen Spielen neue Variationen.
(2) Gestalte die Spiele so, daß ein hohes Tempo möglich ist.
(3) Fertige Skizzen der entwickelten Spiele an.
(4) Suche nach neuen Wegen des Schnelligkeitstrainings in spielerischer Form.

Beweglichkeit

Beweglichkeit ist für jeden Spieler eine der wichtigsten Voraussetzungen seiner Spielfähigkeit. Das bedeutet, daß gerade der Entwicklung dieser Konditionseigenschaft besondere Beachtung geschenkt werden muß. Trotzdem bestehen zwischen Anspruch und Realität in der Entwicklung der Beweglichkeit erhebliche Differenzen.

Mit der These, daß die Beweglichkeit ein nicht wegzudenkender Bestandteil jeder Trainingseinheit sein sollte, ist zumindest der Anspruch gewahrt. Aber das Training der Beweglichkeit, in ihrer Eigenschaft als Kondition zur Voraussetzung der Spielfähigkeit, nimmt nicht immer den gebührenden Platz im Training ein.

Es liegt die Vermutung nahe, daß nicht allen Trainern die Bedeutung der Beweglichkeit bekannt ist. Erst wenn sie sich folgende Fragen klar beantworten können, dürfte der wichtige Platz des Beweglichkeitstrainings im Training gesichert sein:
– Was heißt Beweglichkeit?
– Warum ist sie so wichtig?
– Wie werden die Probleme des Beweglichkeitstrainings
  methodisch gelöst?

Der Begriff der Beweglichkeit wird in der Literatur unterschiedlich gebraucht. Da heißt es: Flexibilität, Gelenkigkeit, Biegsamkeit, Dehnungsfähigkeit oder Geschmeidigkeit. Obwohl die Definitionen zum Teil voneinander abweichen, besteht das Problem vor allem darin, wie weit die begriffliche Abgrenzung reichen soll, denn inhaltlich gibt es kaum bedeutende Unterschiede.

Unter Beweglichkeit versteht man die Fähigkeit, mit Hilfe der Muskeln, Sehnen, Bänder und Gelenke sowie äußerer unterstützender Kräfte Bewegungen mit der Bewegungsweite auszuführen, die die Gelenke in Verbindung mit Muskeln, Sehnen und Bändern zulassen.

Prüft man daraufhin die Bewegungsweite untrainierter Menschen oder auch nur wenig trainierter Spieler, wird man feststellen, daß es zwischen der optimalen Weite, die möglich ist, und der tatsächlichen Weite, die diese Personen aufweisen, erhebliche Differenzen gibt. So wird deutlich, daß die Leistungsfähigkeit durch mangelnde Beweglichkeit eingeschränkt werden kann. Die Beweglichkeitsschulung ist aus vielerlei Gründen wichtig: Ohne gute Beweglichkeit ist es schwer, Leistungssteigerungen bei der Entwicklung von Kraft, Schnelligkeit und Ausdauer zu erzielen. Ohne sie ist es nicht möglich, Bewegungs- und Spielfertigkeiten optimal zu erlernen und anzuwenden.

Mit ihrer Hilfe kann Verletzungen vorgebeugt werden, und schließlich führt mangelnde Beweglichkeit zur Verschlechterung der Bewegung.
Die Beweglichkeit wird unterteilt in:
- *Allgemeine Beweglichkeit:* Sie bezieht sich auf eine ausreichende Bewegungsmöglichkeit innerhalb der wichtigsten Gelenke: Schulter-, Hüft- und Wirbelsäulengelenke.
- *Spezielle Beweglichkeit:* Es ist die Beweglichkeit, die sich spezifisch auf eine bestimmte Sportart bezieht. Der Handballspieler braucht sie für Schulter-, Ellenbogen- und Sprunggelenke.
- *Aktive Beweglichkeit:* Sie ist gekennzeichnet durch das Zusammenwirken verschiedener Muskelgruppen, die das Gelenk umgeben, z. B. beim Beugen und Strecken im Ellenbogenbereich.
- *Passive Beweglichkeit:* Hier geht es um die Bewegungsbreite innerhalb eines Gelenkes, die durch Einwirken äußerer Kräfte (Übungspartner, Trainingsgeräte) möglich wird. Sie ist größer als die aktive Beweglichkeit. Ihre Differenz bezeichnet man als Bewegungsreserve.

Die Beweglichkeit ist eine wichtige Voraussetzung zur Leistungssteigerung. Das Beweglichkeitstraining ist damit ein wichtiger Faktor im Gesamttraining. Es wird deutlich, wo dabei der Trainingsschwerpunkt zu suchen ist, nämlich in der Verkleinerung der Differenz zwischen der aktiven und passiven Bewegung, also im Abbau der Bewegungsreserve. Hierbei gilt der Grundsatz, daß je größer die Bewegungsbreite innerhalb der Gelenke wird, um so größer die Chance ist, bestimmte Bewegungen mit größerer Präzision und damit einem höheren Wirkungsgrad auszuführen. Wenn beispielsweise ein Torwurf mit der größten Erfolgswahrscheinlichkeit gelingen soll, müßten alle beteiligten Faktoren des Bewegungsapparates optimal zusammenwirken.

Es ist falsch, nur eine spezielle Beweglichkeit zu trainieren, die für die bevorzugte Sportart typisch ist, also nur den Wurf oder den Sprung im Handball. Vielmehr sollte das Training der Beweglichkeit von den allgemeinen zu den speziellen Formen führen, da sonst Gelenke, die weniger typisch gebraucht werden, in ihrer Entwicklung zur Beweglichkeit zurückbleiben, was zu einer höheren Verletzungsanfälligkeit führen kann.

Das gilt nicht nur für die generelle Entwicklung der Beweglichkeit über einen längeren Zeitabschnitt, vom Grundlagentraining über das Aufbautraining bis hin zum Höchstleistungstraining, sondern auch in den Phasen der Periodisierung und sogar in den einzelnen Trainingseinheiten.

Stretching

Beim Beweglichkeitstraining geht es um die Verkleinerung der Bewegungsreserve, jener Reserve, die zwischen der aktiven, für die Sportart notwendigen, und der passiven, der tatsächlich vorhandenen Bewegungsmöglichkeit vorhanden ist. Grundsätzlich wird angestrebt, den Band- und Muskelapparat des Trainierenden in einen optimalen Leistungszustand zu versetzen. Daraus ergibt sich als Konsequenz, daß eine intensive Auseinandersetzung mit den physiologischen Voraussetzungen eines solchen Trainings stattfindet.

Hierfür sind einige Grundregeln zu beachten:

Regel 1
Nie federn, zerren oder wippen!
- Alle federnden, zerrenden oder wippenden Dehnungen provozieren Streckreflexe in den Muskeln, die die Bewegungen nicht fördern, sondern eher hemmen.
- Federnde, zerrende und wippende Bewegungen sind nicht kontrollierbar.
- Die federnde Bewegung fördert eine hohe Muskelkontraktion und verhindert damit das Entspannen der Muskulatur.

Regel 2
Die Funktionen: dehnen, stretchen, Beweglichkeit, Geschmeidigkeit bestimmen das Beweglichkeitstraining. Daraus ergibt sich eine Reihenfolge für das Training der Beweglichkeit:
- Wenn der Muskel in einer ausgestreckten Entspannungslage ist, beginnt das Dehnen.
- Der Muskel wird 10 bis 30 Sekunden lang im Dehnungszustand gehalten (gestretcht).
- Dann beginnt die Phase der Beweglichkeit. Sie steht für das Ausmaß der Gelenkbeweglichkeit, den Punkten zwischen den äußersten Bereichen vor- und rückwärts innerhalb eines Gelenkes.
- Schließlich folgt die Zusammenarbeit (Koordination) zwischen Nerven, Muskeln und Bandapparat als Geschmeidigkeit.

> **Regel 3**
> Beim Beweglichkeitstraining sollten folgende Hinweise beachtet werden:
> – Mit zunehmendem Lebensalter vermindert sich die Gelenkbeweglichkeit. Grund: Veränderungen im Gewebe durch Abbau der elastischen Fasern.
> – Frauen und Mädchen besitzen, häufig durch hormonelle Unterschiede, eine größere Beweglichkeit.
> – Bei höheren Außentemperaturen und entsprechender Aufwärmung wird die Gelenksbeweglichkeit besser.
> – Nach hartem und ermüdendem Training ist die Beweglichkeit eingeschränkt. (Einschränkung der biochemischen und neuronalen Steuerungsprozesse.)
> – Morgens ist die Beweglichkeit schlechter als am Tag.
>
> *Literatur*
> Sölveborn, S.: Das Buch vom Stretching. München 1983.
> Knebel, K.-P.: Funktionsgymnastik. Reinbek 1985.
> Blum, B./Wöllzenmüller, F.: Stretching. Bessere Leistungen in allen Sportarten. München o. D. 5. Auflage.
> Klein, G. D./Stoßberg, B./Tiedt, W.: Gymnastikprogramme. Handball. Stretching spezial, Bd. 7. Münster 1986.

Die neuen Erkenntnisse über Beweglichkeit und Beweglichkeitstraining lassen den Schluß zu, vom herkömmlichen Bewegungstraining abzugehen oder es auf unschädliche Übungen einzuschränken und die neuen Formen, z. B. Stretchprogramme, in das Training aufzunehmen, denn Stretching ist Dehnungstraining zur Verbesserung der Beweglichkeit. Das schließt natürlich nicht andere Programme aus. Wichtig ist der Einklang mit den physiologischen Voraussetzungen eines sinnvollen Beweglichkeitstrainings.

Stretching bewirkt eine bessere Gelenkmobilität, bessere Elastizität, den Abbau mechanischer Widerstände im Gewebe, die Steigerung der Durchblutung und damit einen besseren Stoffwechsel, die Lösung von Verspannungen, eine Vorbeugung gegen Verletzungen, die Steigerung von Wohlbefinden, Körperbewußtsein und Körpergefühl und eine schnellere Regeneration des gesamten Körpers.

Stretching sollte innerhalb des Aufwärmens eingesetzt werden. Nach ca. 5 bis 10 Minuten Einlaufen werden besonders die weniger beweglichen Muskelgruppen und Gelenke gestretcht. Nach Beendigung des Stretchprogramms wird spätestens 5 bis 10 Minuten später mit dem vorgesehenen Training begonnen. Nach dem Training geht es darum, die durch das Training um ca. 15% verkürzten Muskeln, entstanden durch maximale Kontraktionen, wieder in die ursprüngliche Länge zurückzubringen. Damit ist ein gezieltes Dehnungsprogramm auf belastete Muskelgruppen besonders wirkungsvoll.

Beide Formen, aktives und passives Stretching mit und ohne Partner, können im Trainingsablauf angewendet werden. Äußerst sinnvoll erweist sich das Stretching nach dem Krafttraining. Grundsätzlich kann man sagen, daß alle Muskelgruppen von Zeit zu Zeit während des Trainings durchgestretcht werden sollten.

Vor dem Wettkampf gilt, daß passives Stretchen möglichst 1 Stunde vor dem Wettkampf nicht mehr angewendet werden sollte oder zeitlich verkürzt bei den einzelnen Übungen (etwa 5 Sekunden), weil der Muskeltonus zu stark abgesenkt wird, was der Wettkampfleistung entgegenwirken kann. Vielmehr sollte aktiv gestretcht werden. Aber auch beim aktiven Stretchen sollte die Vorlaufzeit nicht unter einer halben Stunde liegen.

Beim *passiven Stretching* muß darauf geachtet werden, daß keine Kontraktionen in den gedehnten Muskeln entstehen. Die Muskeln werden langsam bis zur Dehnungsgrenze gedehnt, ohne daß ein Schmerz entsteht. In dieser Stellung werden die Muskeln 10 bis 30 Sekunden gehalten.

Beim *aktiven Stretching* spielt die Muskelkontraktion in einer bestimmten Phase eine wichtige Rolle. Es geht darum, daß der Streckreflex gedehnter Muskeln gehemmt wird. In der Praxis wird in folgenden Schritten vorgegangen:

- weiche Dehnung der Muskeln bis zur Dehnungsgrenze und Halten der Spannung.
- Halten (Wand, Partner, Geräte) ca. 6 bis 10 Sekunden gegen den äußeren Widerstand. Hier erfolgt eine isometrische Anspannung ohne Verkürzung des Muskels.
- Entspannung der Muskeln für 2 bis 4 Sekunden, danach wird der Ablauf wiederholt. Insgesamt erfolgt dieser Wechsel zwischen Kontraktion, Entspannung und Dehnung hintereinander für jede Muskelgruppe, die beansprucht werden soll, dreimal.

Die beiden folgenden Programme sind Vorschläge für das Beweglichkeitstraining des Handballspielers. Sie sind durch ihre allgemeine und spezielle Ausführung ebenso bei anderen Sportarten anwendbar, da die Beweglichkeit eine wichtige Voraussetzung aller Sportarten ist und damit allgemein gesehen werden muß. Einschränkend muß angemerkt werden, daß die speziellen Beweglichkeitsprogramme sich auf die von der Sportart Handball notwendigen Muskelgruppen und Gelenke beziehen sollten.

Trainingsprogramm I
Allgemeine Beweglichkeit

① Aufwärmen durch Einlaufen mit verschiedenen Schritten und Schrittkombinationen. Dauer ca. 10 Minuten.

② Abwechseln von Beweglichkeits- und Stretchingübungen.

Beweglichkeitsübungen
- Kniehebelauf,
- Anfersen (Fersen werden beim Laufen gegen das Gesäß geschlagen),
- Armkreisen,
- Pendeln der Arme,
- Pendeln und Kniebeugen,
- Rumpfbeugen aus verschiedenen Stellungen,
- Rumpfdrehen,
- Beinkreisen,
- Strecksprünge,
- Anhocken ein- und beidbeinig.

Stretchingübungen für
- Brustmuskulatur,
- Rücken- und Nackenmuskulatur,
- Oberschenkelmuskulatur,
- Unterschenkelmuskulatur,
- Oberarmmuskulatur,
- Unterarm- und Handmuskulatur,
- Hüftmuskulatur.

Aus diesen allgemeinen Hinweisen ergibt sich die Übungsfolge zum gewünschten Trainingsprogramm.

Trainingsprogramm II
Stretchingprogramm für Handballspieler

Brustmuskulatur
20 Sekunden lang wird ein Ball zwischen den Händen mit nach vorn ausgestreckten Armen gehalten (Muskelanspannung), dann werden die Arme gestreckt nach hinten oben geführt und ca. 20 Sekunden gehalten (Stretching).
Wirkung: Dehnung, Kräftigung und Beweglichkeit des großen Brustmuskels.

Brustmuskulatur
Arme gerade vor dem Körper strecken, Hände ineinanderlegen und pressen. Dauer 20 Sekunden.
Stretching: Gesicht zur Wand, Unterarme gegen die Wand legen und pressen. Dauer 20 Sekunden.
Wirkung: Dehnung, Kräftigung und Beweglichkeit des großen Brustmuskels.

Brustmuskulatur
Seitwärts an den Türrahmen stellen. Unterarm 20 Sekunden lang an den Türrahmen pressen.
Stretching: Jetzt wird der Unterarm nicht bewegt. Oberkörper nach vorn außen drehen. Entstehung einer Verwringung, deutlich durch die Spannung im Oberkörper.
Wirkung: Kräftigung und Dehnung des Brustmuskels.

Brust- und Oberarmmuskulatur
Die Arme werden im Nacken verschränkt. Ein Partner drückt gegen die Ellenbogen. Jetzt werden die Ellenbogen nach vorn gedrückt. Halten dieser Position 20 Sekunden lang.
Stretching: Der Partner zieht die Ellenbogen nach hinten. In dieser Stellung werden sie 20 Sekunden gehalten.
Wirkung: Kräftigung und Dehnung der Oberarm- und Brustmuskulatur.

Brust-, Oberarm- und Schultermuskulatur
Rücken zur Sprossenwand, Arme werden ausgestreckt. Etwa 15 Sekunden lang fest gegen den Widerstand Arme nach unten drücken.
Stretching: Gleiche Stellung, in die Knie gehen, so weit es geht, und 20 Sekunden halten.
Wirkung: Dehnung und Kräftigung der Schulter-, Oberarm- und Brustmuskulatur.

Nackenmuskulatur
In der Rückenlage, Hände im Nacken verschränken, Beine anwinkeln und schulterbreit stellen. Kopf nach oben vorne drücken. Dauer 20 Sekunden.
Wirkung: Dehnung und Kräftigung der Nackenmuskulatur.

Oberarm- und Schultermuskulatur

Arm bei gebeugten Ellenbogen in Halshöhe bringen. Mit der anderen Hand den Unterarm seitlich nach hinten drücken. Dauer 20 Sekunden.
Wirkung: Dehnung und Kräftigung der hinteren Schultermuskeln und Oberarmstrecker.

Rückenmuskulatur

Oberkörper bis zur Waage abwinkeln. Beine schulterbreit auseinander und gestreckt halten. Die Arme werden gestreckt, die Hände auf einen Tisch gelegt. Dann wird der Oberkörper bis zur Dehnungsgrenze nach unten gedrückt und 20 Sekunden lang gehalten.
Wirkung: Dehnung und Kräftigung des breiten Rückenmuskels.

Bauchmuskulatur, Hüft- und Oberschenkelmuskulatur

Bauchlage, Arme etwas über schulterbreit aufstützen, dann 20 Sekunden lang bis zur Dehnungsgrenze strecken.
Wirkung: Dehnung und Kräftigung des geraden Bauchmuskels, Hüftbeuger und Oberschenkelstrecker.

Rücken-, Oberschenkel- und Wadenmuskulatur

Rückenlage, der Partner drückt die möglichst gestreckten Beine (an der Ferse) über eine starke Hüftbeugung für 20 Sekunden an den Körper des Liegenden.
Wirkung: Dehnung, Kräftigung der Rückenstrecker, Gesäßmuskeln, Oberschenkelbeuger, Wadenmuskulatur.

Rumpf- und Oberschenkelmuskulatur

Seitlich neben einen Tisch stellen, ein Bein gestreckt mit senkrechter Fußstellung auf den Tisch legen, Standbein gestreckt lassen. Den Oberkörper mit gestreckten Armen und verbundenen Händen für 20 Sekunden seitwärts zum Tisch hin neigen.
Wirkung: Dehnung und Kräftigung der Oberschenkelbeuger, Adduktoren und der seitlichen Rumpfmuskulatur.

Rücken-, Oberarm- und Schultermuskulatur

Arm im Ellenbogen beugen und mit der anderen Hand (im Ellenbogen halten) seitlich 20 Sekunden lang nach hinten drücken.
Wirkung: Dehnung, Kräftigung des breiten Rückenmuskels, Oberarmstrecker und verschiedener Schultermuskeln.

Koordination

Mit diesem Begriff und seiner Deutung haben es sich die Sportpädagogen und Trainingswissenschaftler nicht gerade leicht gemacht. Das beweisen die vielen Definitionen zur Koordination. Grund ist der unterschiedliche Standpunkt, von dem die Fachleute beim Definieren ausgehen. Soviel jedenfalls läßt sich in der Übereinstimmung feststellen, daß die Koordination nicht nur eine motorische Beanspruchungsform, sondern auch eine kognitive Beanspruchungsform beinhaltet.

Im Bereich der motorischen Beanspruchungsform geht es um den gezielten Einsatz von Muskeln und Nerven, bei der kognitiven um den Einsatz der Lernfähigkeit.

Weineck (1980, 224): «Die koordinativen Fähigkeiten – Synonym: Gewandtheit – sind Fähigkeiten, die primär koordinativ, d. h. durch Prozesse der Bewegungssteuerung und -regelung bestimmt werden (Hirtz 1976, 382, Blume 1978, 32). Sie befähigen den Sportler, motorische Aktionen in vorhersehbaren (Stereotyp) und unvorhersehbaren (Anpassung) Situationen sicher und ökonomisch zu beherrschen und sportliche Bewegungen relativ schnell zu erlernen (Fey 1977, 356).»

Harre (1975, 178): «In Anlehnung an Hirtz (1964, 729) verstehen wir unter Gewandtheit die Fähigkeit, erstens komplizierte Bewegungskoordinationen zu beherrschen, zweitens sportliche Bewegungsfertigkeiten schnell zu erlernen und zu vervollkommnen, drittens die Fertigkeiten zweckentsprechend einzusetzen und sie entsprechend den Anforderungen der sich ändernden Situation schnell und zweckmäßig umzustellen.»

L. P. Matwejew: «Unter den koordinativen Fähigkeiten muß man verstehen:
1. die Fähigkeit, ganzheitliche motorische Akte zweckmäßig aufzubauen (zu formen, zu koordinieren, einheitlich zu verbinden),
2. die Fähigkeit, herausgearbeitete Handlungsformen umzugestalten oder von der einen auf die andere entsprechend den sich ändernden Bedingungen umzuschalten.»

Von entscheidender Bedeutung ist, welche Beziehung die Koordination zum technisch-taktischen Training des Handballspielers hat. Die Entwicklung des technisch-taktischen Niveaus des Handballspiels, besonders in der letzten Zeit, macht deutlich, daß die Aufgaben, die sich im Training an diese veränderten Bedingungen stellen, eine Veränderung des Trainings allgemein erfordert. Gemeint sind vor allem die Aufgaben, die sich mit der Fähigkeit, individuelle Entscheidungen zu treffen, stellen. Sie beziehen sich auf die individuelle Entscheidungsfreiheit des Spielers, Handlungsaufgaben aus der jeweiligen Spielsituation zu lösen. Das bedeutet, daß der Spieler in diesem Bereich besonders gut geschult werden muß, um den hohen Anforderungen gerecht zu werden. Damit zeigen sich auch die Schwerpunkte: Nicht motorisches Lernen ohne Reflexion ist die alleinige Voraussetzung zu hoher Leistungsfähigkeit, sondern ein ausgewogenes Training kognitiver Fähigkeiten in Verbindung mit motorischen Aufgaben ist notwendig. Dazu gehören Wahrnehmungstraining, Antizipationstraining und Koordinationstraining, wobei zwar systematische Unterschiede bestehen, aber im Training alle Formen gemeinsam wirken, wenn auch häufig schwerpunktartig.

Grundsätzlich kann davon ausgegangen werden, daß bestimmte Voraussetzungen das Koordinationsvermögen besonders beeinflussen:

- Reaktionsvermögen (schnelles Reagieren bei Veränderung von Situationen),
- Anpassungsvermögen (bei veränderten Aufgabenstellungen und fehlerhaften Bewegungen),
- Gleichgewichtsvermögen (Halten bei komplizierten Bewegungen wie z. B. nach Täuschbewegungen),
- Orientierungsvermögen (bei Veränderung von Handlungen),
- Steuerungsvermögen (bei genauer Ausführung und Wiederholung von Bewegungen und Bewegungsketten),
- Kombinationsvermögen,
- Wahrnehmungsvermögen,
- Antizipationsfähigkeit,
- Bewegungselastizität,
- Rhythmusempfinden,
- Variationsfähigkeit.

(vgl. Jonath/Krempel 1987, 54)

Matwejew (1981, 137) entwickelt eine Reihe von methodischen Grundsätzen, die das Koordinationstraining bestimmen. Bei der Planung des Trainings zur Koordination sollten folgende methodische Überlegungen einbezogen werden:

- Veränderung der Ausgangsstellungen, auch besonders ungewohnte Ausgangsstellungen (Anpassungsvermögen),
- Spiegelbildliche Ausführungen von Bewegungen (Reaktions- und Orientierungsvermögen),
- Veränderung der Schnelligkeit von Bewegungen,
- Steigerung des Schwierigkeitsgrades von Bewegungen, Bewegungen komplizierter machen (Steuerungsvermögen),
- Veränderung der Ausführung (Anpassungs- und Orientierungsvermögen),
- Variieren taktischer Bedingungen (Anpassungs- und Orientierungsvermögen),

- Verwendung von zusätzlichen Signalreizen bei Ausführung von Bewegungen (Reaktionsvermögen),
- Veränderung von räumlichen Bedingungen.

Bei den genannten methodischen Grundsätzen erfolgt natürlich auch die Schulung anderer Voraussetzungen zum Koordinationsvermögen. So sind Wahrnehmung, Steuerung und Variationsfähigkeit z. B. fast immer bei Bewegungsveränderungen mit einbezogen.

Das Koordinationstraining des Handballspielers

Zu den methodischen Prinzipien des Koordinationstrainings für Handballspieler gehören folgende Erkenntnisse:

- Die Schwierigkeiten und Anforderungen der Übungen sollten ständig größer werden.
- Regelmäßig neue Spielfertigkeiten schulen.
- Koordinationstraining an den Anfang einer Trainingseinheit stellen.
- Viel mit Wiederholungen und Variationen arbeiten.
- Komplex trainieren, um damit die Anforderungen zu erhöhen.
- Die Übungsausführung verändern (Beispiel: Gegenstöße werden mit unterschiedlicher Spielerzahl bei gleichem Trainingsziel gelaufen).
- Auf gegengleiche Ausführung achten (Zuspiele mit der rechten und linken Hand).
- Räumliche Bedingungen verändern (Gegenstöße werden mit gleichem Trainingsziel von verschiedenen Positionen gelaufen).
- Veränderung der Bewegungsdynamik (komplexe Wurfschulung mit Veränderung des Wurftempos oder Veränderung von Wiederholungen und Serien).
- Kombination von Bewegungsausführungen (mehrere Aufgaben werden hintereinander gelöst, z. B. Sprungfallwürfe zur und gegen die Wurfhand mit Einbeziehung von Abwehrspielern und in der Steigerung durch Erhöhung der komplexen Anforderungen).
- Veränderung von Bewegungsanweisungen, die nicht vorbereitet sind (plötzliches Verändern der Laufwege oder Zuspiele).

Trainingsprogramm I
Allgemeine Koordination

Übung 1
Gehen und Laufen mit wechselndem Tempo, mit Veränderung und Variation der Schrittlänge, auf den Hacken, Zehenspitzen, Innen- und Außenkanten.

Übung 2
Laufen um einen rollenden Ball mit anschließender Ballaufnahme, mit unterschiedlichen Bällen, unterschiedlichen Richtungen, verschiedenen Fortbewegungsarten oder dem Aufnehmen des Balles vor bestimmten Markierungen.

Übung 3
Balltreiben mit Keule, Stab, Tennisschläger, Hockeyschläger, im Gehen oder Laufen, im Slalom oder um Hindernisse.

Übung 4
Zuspiele mit verschiedenen Bällen, mit unterschiedlichen Zuspielformen (Stand, Gehen, Laufen, Sprung) oder mit indirektem Zuspiel (Bodenpässe).

Übung 5
Ballprellen, ein- und beidhändig, mit verschiedenen Bällen, um Hindernisse, auf der Turnbank, im Stand mit unterschiedlichen Höhen, um den Körper herum, mit rechter, linker Hand, ohne Blickverbindung zum Ball, oder im Hockstand, in der Bauch- und Rückenlage mit Aufstehen.

Übung 6
Kniebeugen auf einem Bein, mit dem Bein nach vorn gespreizt, nach hinten gespreizt oder mit geschlossenen Augen.

Übung 7
Durcheinanderlaufen auf begrenztem Spielfeld, ohne anzustoßen, mit Armhaltung in verschiedenen Stellungen oder beim Laufen vor-, rück-, seitwärts.

Übung 8
Schattenlaufen zu zweit, zu mehreren, verschiedene Fortbewegungsarten oder vor-, rück-, seitwärts.

Übung 9
Mit Softballschlägern, Softbällen und Handbällen: Die Spieler laufen vorwärts mit dem Softballschläger von Torauslinie zu Torauslinie, indem sie den Softball mit dem Schläger ständig hochspielen.

Übung 10
Gleiche Übung, mit Seitstepschritten.

Übung 11
Gleiche Übung, mit Drehungen während des Laufens.

Übung 12
Gleiche Übung, mit Armkreisen vor- und rückwärts, rechter oder linker Arm.

Übung 13
Skipping bis zur Mittellinie und Spielen des Balles mit der rechten/linken Hand.

Übung 14
Balancieren des Balles auf dem Softballschläger, in der anderen Hand wird der Handball getragen.

Übung 15
Balancieren des Softballes auf dem Schläger, mit der anderen Hand wird der Handball geprellt.

Trainingsprogramm II
Spezielle Koordination für den Handballspieler

Übung 1
Die Spieler der Reihe A haben jeder einen Tennisball, die Spieler der Reihe C einen Handball. Die Spieler von B spielen einen Doppelpaß mit A. Danach spielen die C-Spieler den Handball zu B. Mit der Ballannahme von B zeigen die Spieler E und F mit den Fingern Zahlen, die B addieren und laut ansagen muß. Zugleich entscheidet B nach Stellung des Abwehrspielers 3 auf Wurf oder Durchbruch 1:1. Dabei gilt: Abwehrspieler 3 defensiv, Distanzwurf durch B, Abwehrspieler 3 offensiv, Durchbruch rechts und links.
Ziel: Koordination von Arm- und Beinbewegungen, Wahrnehmung, Reaktionsvermögen.

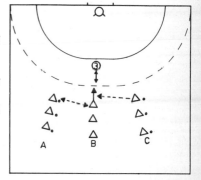

88 Training der speziellen Koordination

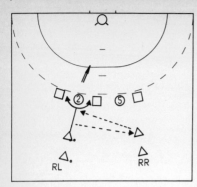

Übung 2
Abwehrspieler 2 und 5 befinden sich zwischen Minikästen (Abstand der Kästen nach Alter der Spieler). RL führt mit dem Handball einen tiefen Hocksprung und anschließend zwei kurze Sprünge einbeinig rechts und links aus. Nach dem Hocksprung paßt RL den Ball zu RR, RR paßt vor dem zweiten Einbeinsprung den Ball an RL zurück. Jetzt führt RL eine Körpertäuschung gegen 5 aus und versucht einen Durchbruch. Abwehrspieler 5 verhindert ihn, gelingt das nicht, müssen alle anderen Spieler Zusatzübungen durchführen.
Ziel: Beweglichkeit, Orientierungsvermögen, Wahrnehmungsvermögen.

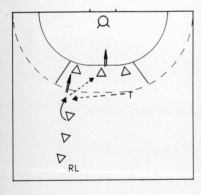

Übung 3
In einem begrenzten Raum am Kreis befinden sich drei Spieler. Der Trainer ruft den Namen eines Spielers. In diesem Moment führt der Spieler, der mit dem Rücken zum Kreis steht, eine Rolle rückwärts mit Strecksprung und halber Drehung durch, nimmt den vom Trainer gespielten Ball an und wirft aufs Tor, versucht einen Durchbruch gegen seine Mitspieler am Kreis oder spielt den namentlich genannten Spieler an, der mit Torwurf abschließt.
Ziel: Koordination von Arm- und Beinbewegungen, Reaktionsvermögen, Zusammenspiel von Kreis- und Rückraumspielern.

Übung 4

Jeder der im Viereck stehenden Spieler hat einen Handball. Der Mittelspieler erhält unterschiedliche Zuspiele von allen Spielern (rechts, links, Aufsetzer, Rückhandwurf, Sprungpaß, beidhändiger Doppelwurf). Der Mittelspieler paßt in der gleichen Weise mit hohem Tempo zurück.
Ziel: Koordination von Arm- und Beinbewegungen, Anpassungs- und Reaktionsvermögen, Verbesserung der Spielfertigkeit Passen und Annehmen.

Übung 5

Parteiball 5 gegen 4. Die Spieler bewegen sich in einem abgegrenzten Spielfeld. Drei andere Spieler durchlaufen das Spielfeld im ständigen Wechsel und versuchen einen Doppelpaß mit dem freien Angreifer.
Ziel: Wahrnehmungs-, Reaktions- und Orientierungsvermögen.

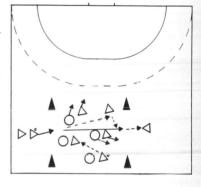

Übung 6

Es werden gleichzeitig 3 Bälle gespielt in der Reihenfolge:
RL – LA – KML – RL,
RM – KML – KMR – RM,
RR – KMR – RA – RR.
Die Rückraumspieler umlaufen die Fahnenstange und wechseln die Positionen.
Ziel: Wahrnehmungs-, Anpassungs- und Orientierungsvermögen.

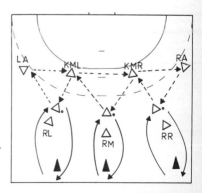

Training der speziellen Koordination

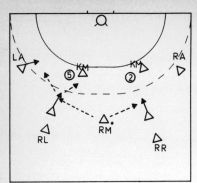

Übung 7
RL und RR entscheiden nach Verhalten von Abwehrspieler 5 und 2. Entscheidung mit Anspiel an KM oder nach Außen. Diese passen sofort an RM zurück.
Ziel: Orientierungs-, Reaktions-, Anpassungs- und Wahrnehmungsvermögen.

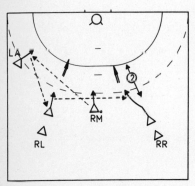

Übung 8
Nach Verhalten des Abwehrspielers 2 gegen RR Entscheidung von RM:
- Paß zu RL, RL mit Torwurf bei offensivem Abwehrspieler 2,
- Paß zu RR und Durchbruch, Distanzwurf bei defensivem Abwehrspieler 2.

Ziel: Orientierungs-, Reaktions- und Wahrnehmungsvermögen.

Das Training einfacher Techniken

Prellen oder Dribbeln

BEWEGUNGSANWEISUNG
(1) Neige den Oberkörper beim Prellen leicht nach vorn!
(2) Beuge die Knie!
(3) Drücke mit dem beweglichen Handgelenk den Ball nach unten!
(4) Lasse die Finger leicht gespreizt!
(5) Beobachte beim Prellen deine Umgebung und lasse den Kopf oben!

FEHLER
- Der Spieler prellt den Ball mit beiden Händen.
- Beim Wechseln der Hand zum Prellen entsteht eine Pause.
- Der Ball wird heruntergeschlagen oder -gestoßen.
- Der Ball wird gekrallt.
- Die Ballführung erfolgt mit festem Handgelenk.
- Es wird zu weit vom Körper geprellt.
- Es wird zu hoch geprellt (Hüfthöhe).
- Die Ballführung erfolgt auf der dem Gegner zugewandten Seite.
- Der Blick geht ständig zum Ball.

Trainingsprogramm Prellen

Übung 1
Parteischnappball mit Prellen
Zwei Mannschaften spielen in einem abgegrenzten Spielfeld gegeneinander. Ziel ist es, den Ball möglichst lange in der eigenen Mannschaft zu prellen. Auch das Zuspiel zum Partner erfolgt mit einem Prellpaß. Die andere Mannschaft versucht durch Herausspielen, den Ball in ihren Besitz zu bekommen. Als Wettkampf wird die Anzahl der Prellbewegungen gezählt.

Übung 2
Prellballspiel
Gespielt wird über das ganze Spielfeld, einschließlich der Tore. Die Zahl der Spieler ist beliebig. Die ballbesitzende Mannschaft versucht den Ball prellend ins gegnerische Tor zu bringen. Der Torwart kann durch Abwehr einen Torerfolg verhindern. Liegt der Ball am Boden oder wird er regelwidrig gespielt, erhält die andere Mannschaft den Ball.

Übung 3
Pendelstaffel 1

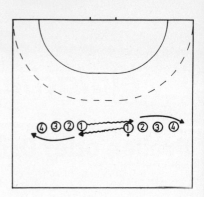

Übung 4
Pendelstaffel 2

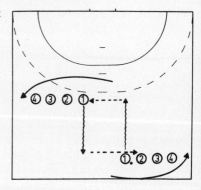

Übung 5
Slalomdribbling um Malstangen.

Trainingsprogramm Prellen 93

Übung 6
Überholen innen, außen, im Slalom.

Übung 7
Nach Zuspiel mit kurzen und langen Pässen Dribbeln mit Torwurf.

Übung 8
Nach Zuspiel und Ablauf von verschiedenen Positionen Dribbeln mit Torwurf.

Übung 9
Zuspiele vom Torwart, Dribbling gegen Abwehrspieler.

Übung 10
Dribbling ohne Zuspiel über das ganze Feld mit Abwehrspieler.

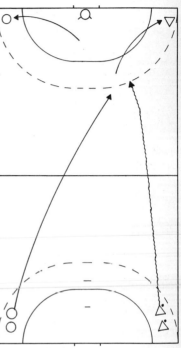

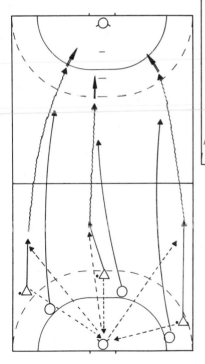

Passen und Annehmen

BEWEGUNGSANWEISUNG ZUM PASSEN
(1) Fasse den Ball mit beiden Händen vor der Brust!
(2) Führe ihn beidhändig zur Wurfarmschulter!
(3) Lasse den Ellenbogen in Höhe der Wurfarmschulter!
(4) Führe den Ball mit der Wurfhand schräg nach hinten oben!
(4) Bewege dabei die Gegenschulter nach vorn!
(5) Stemme den linken Fuß (beim Rechtshänder) ein und bringe gleichzeitig Wurfarmschulter und Wurfarm schlagartig nach vorn!
(6) Strecke den Wurfarm!
(7) Lasse die Handfläche mit den gespreizten Fingern genau hinter dem Ball!
(8) Klappe das Handgelenk nach Abwurf nach!
(9) Setze das andere Bein zum Auffangen des Schwunges nach vorn!
(10) Richte deinen Blick über die Wurfhand auf das Ziel!

FEHLER
- Das falsche Bein ist vorn (Verwringung kaum möglich).
- Der Stemmschritt (Einstemmen) ist zu groß. Verwringung ist gering und die Bremsstoßkraft wird nur mangelhaft übertragen.
- Die Wurfarmschulter wird nicht zurückgenommen.
- Der Ellenbogen liegt beim Ausholen zu tief am Körper.
- Die Bewegungskette: Hüfte vor – Wurfarmschulter – Wurfarm, läuft in umgekehrter Reihenfolge. (Dadurch wird praktisch nur aus der Hand geworfen.)
- Der Ellenbogen zeigt beim Wurf nach vorn, es entsteht eine Stoßbewegung.
- Die Handfläche liegt beim Abwurf unter dem Ball (Wurf geht nach oben).
- Die Handfläche liegt seitlich am Ball (Ball geht am Ziel vorbei).

BEWEGUNGSANWEISUNG ZUM ANNEHMEN VON OBEN

(1) Bilde mit den Händen einen Korb!
(2) Halte die Daumen so, daß sie nach hinten zueinander zeigen!
(3) Strecke die Arme dem Ball entgegen!
(4) Achte darauf, daß die Ellenbogen dabei gebeugt bleiben!
(5) Nimm nach der Ballannahme beide Arme zurück!
(6) Ziehe den Ball an die Brust und setze ein Bein zurück, um die Wucht des Passes besser aufzufangen. (Beim Rechtshänder rechtes Bein.)

FEHLER

- Falsche Schrittstellung behindert das Zurücksetzen zum Auffangen der Wucht des Balles.
- Daumen zeigen nach vorn.
- Der Ball wird mit gestreckten Armen gefangen (unelastisch, kein Nachgeben, daher Abprall).
- Die Arme sind zu stark gebeugt.

BEWEGUNGSANWEISUNG ZUM ANNEHMEN VON UNTEN

(1) Bilde mit den Händen eine Schale!
(2) Die kleinen Finger zeigen zueinander!
(3) Beuge Oberkörper und Knie (besonders das vordere)!
(4) Strecke die Arme dem Ball entgegen!
(5) Ziehe nach Ballkontakt die Arme sofort zurück!
(6) Setze das vordere Bein zurück!
(7) Richte dich auf!

FEHLER

- Die Füße stehen parallel.
- Keine Beugung in den Knien.
- Die Handflächen zeigen zueinander (Ball kann durchrutschen).
- Die Arme werden dem Ball nicht entgegengestreckt, sie bleiben in der Beuge.

Trainingsprogramm Passen I

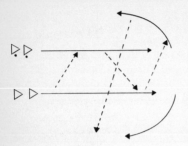

Übung 1
Zwei Spieler laufen im Abstand von 3 m nebeneinander durch die Halle und passen sich den Ball zu. Anschließend wechseln sie nach außen (Seitenauslinien) und passen sich jetzt den Ball über die größere Entfernung zu.

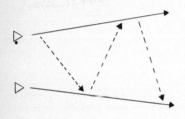

Übung 2
Die gleiche Grundform, während des Laufens vergrößern die Spieler ihren Abstand zueinander.

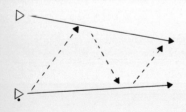

Übung 3
Wieder die gleiche Grundform, diesmal verkleinert sich der Abstand während des Passens.

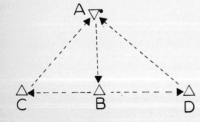

Übung 4
Spieler A paßt zu Spieler B, dieser dann abwechselnd zu C und D, die zu A zurückpassen.

Übung 5
In der Position A stehen zwei Spieler, die gleiche Paßfolge, die Spieler laufen ihren Pässen nach.

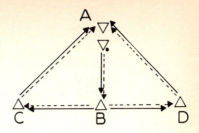

Übung 6
Spieler A paßt zu Spieler B, der paßt zu D und läuft in die freie Position von C. Gelaufen wird immer entgegengesetzt zur Paßrichtung.

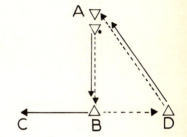

Übung 7
Position A, B, C ist mit mehreren Spielern besetzt. Paßfolge A – B – C. Der passende Spieler läuft um das ganze Dreieck bis zurück in seine Ausgangsposition.

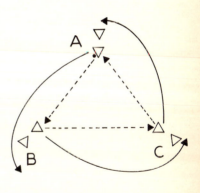

Übung 8
Gleiches Grundmuster, Platzwechsel erfolgt diesmal nur zur nächsten Station.

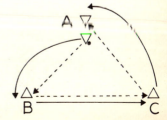

98 Trainingsprogramm Passen

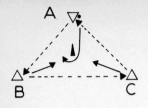

Übung 9
Nach einer Stoßbewegung durch die Spieler A, B und C erfolgt ein Paß in die nächste Station. Nach dem Abspiel läuft der Spieler um ein Mal herum zurück in seine Ausgangsposition.

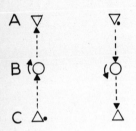

Übung 10
Spieler A paßt zu Spieler B, der in der Mitte steht. Dieser dreht sich und spielt zu C. Danach umgekehrt.

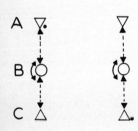

Übung 11
Spieler A und C passen abwechselnd zu B, der sich ständig in die Paßrichtung dreht und zurückspielt.

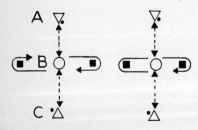

Übung 12
Das gleiche Grundmuster, nur läuft Spieler B nach jedem Zurückspiel einmal um das Mal und zurück.

Übung 13
Der Ball wird im Viereck von Spieler zu Spieler gepaßt.

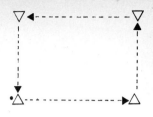

Übung 14
Die gleiche Grundform, der Spieler läuft seinem Paß nach.

Übung 15
Der Ball wird außen herum gepaßt, der Platzwechsel vollzieht sich diagonal.

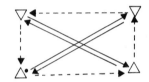

Übung 16
In der Mitte des Vierecks steht ein Spieler. Er paßt abwechselnd den Ball von Position zu Position. Die Spieler wechseln nach dem Paß ihre Position auf der Geraden.

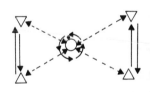

Übung 17
In den Eckpunkten des Vierecks stehen Spielerreihen. Der Ball wird innen von Position zu Position gespielt. Nach dem Paß wird zur nächsten Reihe gewechselt.

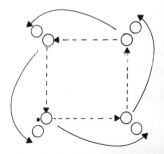

100 Trainingsprogramm Passen

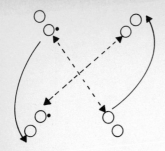

Übung 18
Vier Spielerreihen stehen sich gegenüber. Die innen stehenden Spieler passen sich den Ball zu und laufen um das Viereck zurück in ihre Ausgangsposition ans hintere Ende der Reihe.

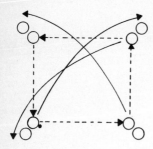

Übung 19
Aufstellung in Reihen in den Eckpunkten des Vierecks. Der Ball wandert innen von Position zu Position. Nach dem Paß läuft der Spieler durch die Mitte ans Ende der gegenüberstehenden Reihe.

Veränderungen in den Übungen
- Abstand vergrößern oder verkleinern,
- Paßhärte verändern,
- Paßformen verändern,
- Laufwege verändern, Zusatzaufgaben stellen.

Trainingsprogramm Passen II

Übung 1
Spieler der Gruppe A stößt und spielt den Paß zum Spieler der Gruppe B, anschließend läuft er zurück ans hintere Ende der Reihe, B, C und D üben dann in der gleichen Form.

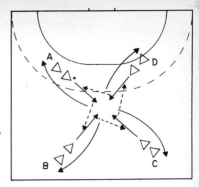

Übung 2
Spieler der Gruppe A paßt zu B, dieser dribbelt mit dem Ball zu A, spielt den Paß und läuft ans hintere Ende dieser Gruppe. Jetzt läuft der Spieler aus der A-Gruppe, paßt zu B usw.

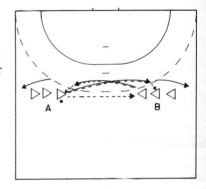

Übung 3
Der 1. Spieler der Gruppe B paßt zu Spieler aus A, anschließend kreuzen beide Spieler und reihen sich jeweils wieder hinten ein.

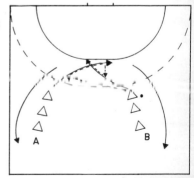

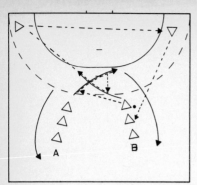

Übung 4
Beginn wie in Übung 3, jetzt wird der Paß zum LA gespielt, der weiter durch den Kreis zu RA paßt und RA weiter zum nächsten Spieler der Gruppe B. Spieler der Gruppen A und B laufen ans hintere Ende der Gruppen, wenn sie den Paß gespielt haben.

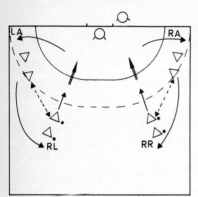

Übung 5
Paß von RL zu LA und zurück, RL wirft und läuft in die LA-Position, LA läuft ein. Das gleiche auf der rechten Angriffsseite.

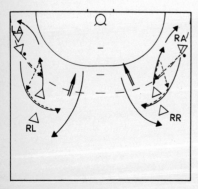

Übung 6
Paß RL zu LA und zurück, RL läuft mit Ball in die Außenposition und spielt an den einlaufenden LA ab, dieser wirft. LA läuft in die RL-Position. Auf der rechten Angriffsseite die gleiche Übung.

Übung 7
RL paßt zu RM und kreuzt, RL wirft.

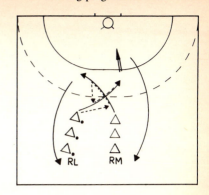

Übung 8
RM paßt zu RL und kreuzt. RM wirft.

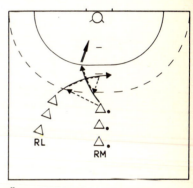

Übung 9
RM paßt zu RR und kreuzt, RM wirft.

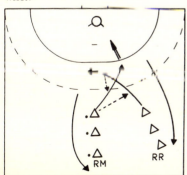

Übung 10
RR paßt zu RM und kreuzt, RR wirft.

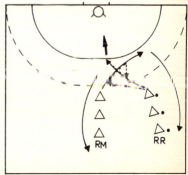

Trainingsprogramm Schlagwürfe

Übung 1
Paß von LA zu RL, nach Stoß von RL weiter zu RM. RM mit Schlagwurf. Die Abwehrspieler 6 und 5 versuchen den Torwurf zu verhindern. Bei den Angreifern erfolgt ein Positionswechsel.

Übung 2
Paßfolge RA – RR – RM – RL. RL mit Schlagwurf.

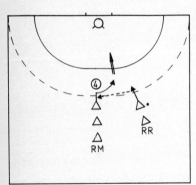

Übung 3
RR mit Paß zu RM. RM mit Täuschbewegung und Schlagwurf gegen Abwehrspieler 4.

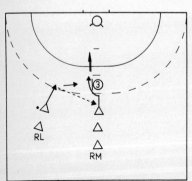

Übung 4
RL mit Paß zu RM. RL läuft eine Sperre gegen 3, während RM Täuschbewegung, Durchbruch und Schlagwurf versucht.

Training der Schlagwürfe 105

Übung 5
Paß von LA zu RL oder RR. RL und RR mit Transportpässen in Richtung Tor. Je nach Abwehrverhalten von Abwehrspieler 4 Schlagwürfe aus der RL- oder RR-Position.

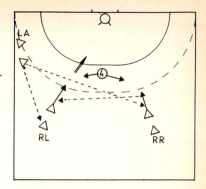

Übung 6
Doppelpaßspiel zwischen RA und RM. Nach Abwehrverhalten von 3 Schlagwürfe.

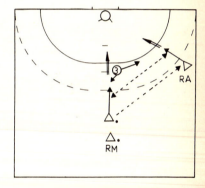

Übung 7
Doppelpässe zwischen LA und RL gegen Abwehrspieler 6. Abschluß durch Schlagwurf von RL.

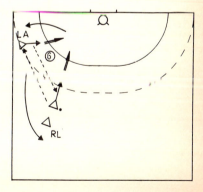

Übung 8

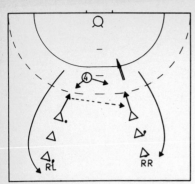

Stoß und Paß zu RR. Abwehrspieler 4 zunächst gegen RL, dann gegen RR. RR schließt mit Schlagwurf ab.

Übung 9

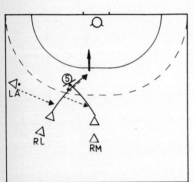

LA mit Paß zu RL, weiter zu RM. RM kreuzt mit RL, RM mit Schirm gegen Abwehrspieler 5. RL mit Schlagwurf.

Übung 10

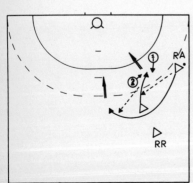

RA mit Paß zu RR.
RR mit Entscheidung:
- Schlagwurf,
- Abspiel zum einlaufenden RA,
RA mit Torwurf.

Übung 11
Die Spieler werfen nacheinander mit Schlagwurf auf das Tor, nehmen ihren Ball wieder auf und dribbeln mit Ball zum anderen Tor, um auch dort mit Schlagwurf abzuschließen. Dann beginnt das Spiel von vorn.

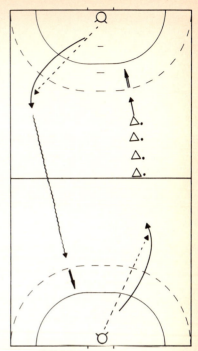

Übung 12
Die Spieler werfen über eine kopfhoch gespannte Zauberschnur mit Schlagwurf.
Als Variante ist es möglich, die Zauberschnur in der Höhe zu verändern, die Schlagwürfe halbhoch oder tief auszuführen.

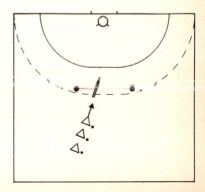

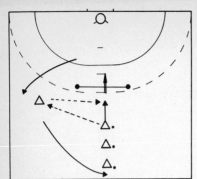

Übung 13
Die gleiche Übung, einschließlich der Veränderung der Höhe der Zauberschnur, mit Zuspiel von links. Ziel ist es, Schlagwürfe aus verschiedenen Abwurfhöhen auszuführen.

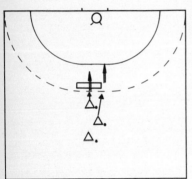

Übung 14
Zwischen Tor und Spielern wird ein hoher Kasten gestellt (Höhe 1,50 m). Die Spieler werfen abwechselnd mit Schlagwurf hoch und halbhoch seitlich am Kasten vorbei.

Fallwürfe

Fallwurf frontal

BEWEGUNGSANWEISUNG
(1) Gehe in Schrittstellung (Rechtshänder – linker Fuß vorn) oder in etwa schulterbreite Parallelstellung!
(2) Halte den Ball in beiden Händen zur Wurfarmschulter in Brusthöhe!
(3) Beuge die Knie!
(4) Löse die Nichtwurfhand vom Ball und beginne während der tiefen Beuge mit der Ausholbewegung!
(5) Nimm die Wurfarmschulter weit zurück und drehe die Gegenschulter nach vorn!
(6) Lasse die Hüfte vorn und spüre die Spannung im Oberkörper!
(7) Strecke die Knie und lasse den Körper gestreckt nach vorn fallen!
(8) Bringe die Wurfhand schlagartig nach vorn!
(9) Strecke den Arm und klappe das Handgelenk nach!
(10) Achte darauf, daß die Hand hinter dem Ball bleibt!
(11) Stütze beim Fallen flüchtig mit der Nichtwurfhand auf!
(12) Fange den Körper anschließend mit beiden Händen weich auf!

FEHLER
- Es wird nur eine ungenügende Beugestellung entwickelt.
- Der Körper wird zu früh gestreckt.
- Die Ausholbewegung ist zu kurz oder zu weit.
- Die Schulter des Wurfarmes wird nicht zurückgenommen (keine Verwringung).
- Die Wurfbewegung erfolgt in umgekehrter Reihenfolge: Hand – Schulter – Hüfte, statt Hüfte – Schulter – Hand.
- Die Knie sind schon in der Anfangsphase der Bewegung gestreckt (eingeschränkter Kraftimpuls).
- Die Knie werden beim Beugen nicht nach innen angewinkelt (ungenügende Unterstützung der Verwringung).
- Das Becken ist zu weit hinten (Körperschwerpunkt ungünstig verlagert, daher Kraftverlust).

Trainingsprogramm Fallwürfe frontal

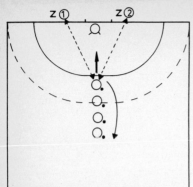

Übung 1
Reihenaufstellung, die Spieler werden abwechselnd von zwei Zuspielern angespielt und führen einen Fallwurf frontal mit Torwurf aus.

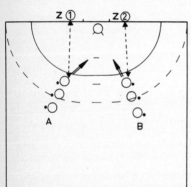

Übung 2
Zwei Reihen A und B, gleiche Aufgabe wie in Übung 1.

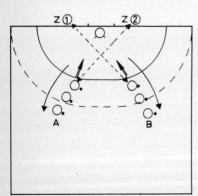

Übung 3
Reihe A und B, Anspiele diagonal, Abschluß Fallwürfe aufs Tor.

Übung 4
Ein Zuspieler mit Diagonalzuspielen an die Spieler, die sich am ganzen Torkreis verteilt haben. Abschluß mit frontalen Fallwürfen.

Übung 5
Gleiche Übung mit 2 Zuspielern.

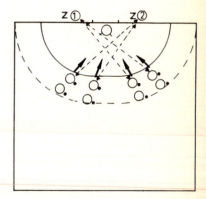

Übung 6
Reihenaufstellung, Zuspiele aus der LA- bzw. RA-Position.

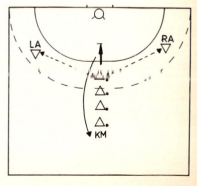

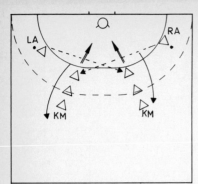

Übung 7
Zwei Reihen, Zuspiele mit Diagonalpässen aus der LA- und RA-Position.

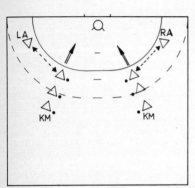

Übung 8
Zuspiel von LA an RL an RR, Abschluß Torwurf mit Fallwurf frontal.

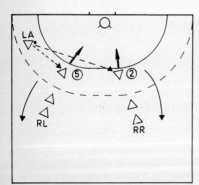

Übung 9
Zuspiel aus der LA-Position an RL und RR, Fallwürfe gegen jeweils einen Abwehrspieler.

Drehfallwurf zur Wurfarmschulter

BEWEGUNGSANWEISUNG
(1) Stell dich mit dem Rücken zum Tor!
(2) Mache mit dem rechten Bein (Rechtshänder) einen kleinen Ausfallschritt zur Innenseite nach vorn!
(3) Strecke beide Arme zur Ballannahme nach vorn und achte darauf, daß die Arme leicht gebeugt bleiben!
(4) Fasse den Ball mit beiden Händen und ziehe ihn in Brusthöhe zur Wurfarmseite an den Körper!
(5) Neige den Oberkörper zum Abschirmen des Balles etwas nach vorn!
(6) Beuge die Knie fast bis zur Hockstellung (Knie bleiben zur Unterstützung der Verwringung nach innen angewinkelt).
(7) Drehe auf dem Ballen des linken Fußes (Rechtshänder)!
(8) Führe dabei gleichzeitig eine kurze Ausholbewegung aus!
(9) Drehe dich um deine Längsachse, strecke Knie und Oberkörper!
(10) Bringe Hüfte, Wurfarmschulter und Hand schlagartig nach vorn!
(11) Strecke den Arm und klappe das Handgelenk nach!
(12) Lasse die Hand hinter dem Ball!
(13) Stütze flüchtig mit der Nichtwurfhand und fange anschließend den Körper weich mit beiden Händen auf!
(Für Linkshänder gilt die Bewegungsanweisung in entgegengesetzter Folge.)

FEHLER
o Der Ausfallschritt wird zu groß (Körperschwerpunkt bleibt hinten, ungünstige Kraftentwicklung).
o Der Ball wird beim Ausholen zu weit vom Körper gehalten (Herausspielgefahr).
o Es wird nicht genügend gebeugt (Abtauchen).
o Das Becken ist zu weit hinten (Kraftverlust, weil der Körperschwerpunkt zu weit nach hinten kommt).
o Der Ball wird vor der Drehung und zu hoch abgeworfen (Fallangst).
o Drehraum zu groß (Behinderung durch Abwehrspieler).
o Drehung erfolgt auf der Ferse oder mit einem Schritt.

Drehfallwurf gegen die Wurfarmschulter

BEWEGUNGSANWEISUNG
(1) Stehe mit dem Rücken zum Tor oder seitlich zur Wurfrichtung!
(2) Mache einen kleinen Ausfallschritt links (Rechtshänder) nach vorn-innen!
(3) Gehe nach der Ballannahme in die tiefe Beuge!
(4) Beginne gleichzeitig mit der Drehung auf dem rechten Ballen!
(5) Setze das linke Bein mit einem kleinen Schritt in die Drehrichtung und strecke den Körper!
(6) Mit der Drehung und Streckung beginnt eine kurze Ausholbewegung!
(7) Bringe während der Körperstreckung und des Fallens des Körpers die Wurfschulter und die Wurfhand schlagartig nach vorn!
(8) Fange den Körper mit beiden Händen weich auf!
(Für den Linkshänder gilt die Abfolge der Bewegung in entgegengesetzter Richtung.)

FEHLER
- Der Ausfallschritt ist zu groß (Körperschwerpunkt).
- Der Ball wird beim Ausholen zu weit vor dem Körper gehalten.
- Der Schritt zur Drehung ist zu groß.
- Die Drehung erfolgt schon vor der Beugung.
- Beim «Tauchen» und Drehen ist das Gesäß zu weit hinten.
- Die Wurfarmschulter wird nicht zurückgenommen.
- Keine ausreichende Streckung im Körper (Landung auf den Knien).
- Es wird vor der Streckung und der Fallbewegung geworfen (Fallangst).
- Die Gegenschulter wird nicht nach vorn gebracht (starke Rotationsbewegung).

Trainingsprogramm Drehfallwürfe zur und gegen die Wurfarmschulter

Übung 1
Reihenaufstellung, der Partner wird am Kreis angespielt, KM schließt mit Drehfallwurf ab.

Übung 2
Reihenaufstellung, Zuspiel an KM, dieser schließt mit Drehfallwurf gegen die Wurfarmschulter ab.

Übung 3
Zuspiel aus den Positionen RL, RM und RR, KM schließt mit Torwürfen aus der Drehung ab.

Übung 4
Paß von RL zu RR, dieser spielt einlaufenden LA an, der mit Drehfallwurf abschließt.

Übung 5
Paß von RR zu RL, RL mit Sprungpaß an einlaufenden RA, Abschluß mit Drehfallwurf.

Übung 6
Paß von RM abwechselnd an LA und RA.

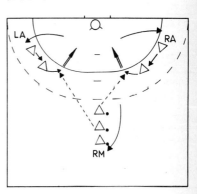

Übung 7
Zuspiel von RM an LA, dieser schließt mit Drehfallwürfen gegen den Abwehrspieler ab.

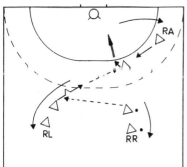

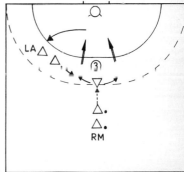

116 Training der Drehfallwürfe

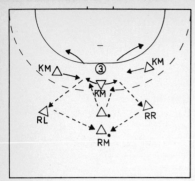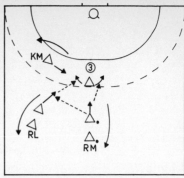

Übung 8
Zuspiel RM an KM, KM aus der Drehung mit Pässen an RL oder RR.

Übung 9
Pässe von RM zu RL, dieser spielt KM gegen Abwehrspieler an, KM schließt mit Fallwürfen zu beiden Seiten ab.

Übung 10
Pässe von RM zu RR, dieser spielt KM gegen Abwehrspieler an, KM mit Fallwürfen zu beiden Seiten.

ARBEITSAUFGABEN

Ergänze das Trainingsprogramm zum Schulen und Verbessern der Fallwürfe durch Komplexübungen in der Zusammenarbeit auf den Positionen:
- RL und LA in der LA-Position,
- RL und KM in der RL/KM-Position,
- RM und KM in der KM-Position,
- RR und KM in der KM-Position,
- RR und KM in der RR/KM-Position,
- RR und RA in der RA-Position.

Entwickle zu jedem Bereich 4 Komplexübungen!

Sprungwürfe

BEWEGUNGSANWEISUNG
(1) Laufe mit drei (zwei) Schritten an!
(2) Führe den Ball während des Anlaufs bei normalen Laufschritten mit beiden Händen zur Wurfarmschulter!
(3) Mache den letzten Schritt vor dem Absprung etwas länger und senke das Becken leicht ab!
(4) Springe kräftig nach oben ab!
(5) Löse jetzt die Nichtwurfhand vom Ball und nimm Wurfarmschulter und Wurfhand zum Ausholen nach hinten-oben!
(6) Achte darauf, daß der Ellenbogen in Höhe der Wurfarmschulter bleibt!
(7) Bringe gleichzeitig die Gegenschulter nach vorn!
(8) Richte den Oberkörper auf und spreize das Schwungbein seitlich nach vorn ab!
(9) Bringe im höchsten Punkt der Steigung bei vollständig gestrecktem Körper die Wurfarmschulter und den Wurfarm schlagartig nach vorn!
(10) Achte darauf, daß die Bewegungsrichtung über Hüfte – Schulter – Arm und Hand erfolgt!
(11) Strecke den Wurfarm und klappe das Handgelenk nach!
(12) Lasse die Hand genau hinter dem Ball!
(13) Lande auf dem Sprungbein oder auf beiden Beinen!
(Rechtshänder, Absprung links! Linkshänder, Absprung rechts!)

FEHLER
o Die Anlaufschritte sind zu groß (Körperschwerpunkt liegt hinten, Absprung wird ungünstiger).
o Es wird nicht nach oben, sondern weit gesprungen, besonders dann, wenn vor dem Absprung im letzten Schritt das Becken nicht etwas abgesenkt wird.
o Der Absprung erfolgt über das falsche Bein (Rechtshänder rechts, Linkshänder links).
o Das Knie des Schwungbeins wird nach vorn-oben gezogen (Foulspiel).
o Fehlende Körperstreckung, der Abwurf erfolgt vor oder nach dem höchsten Punkt, mangelnde Ausholbewegung, Abknicken nach dem Wurf zur Gegenschulter.

Sprungwurf mit Klapptechnik

BEWEGUNGSANWEISUNG

(1) Führe den Ball vor dem Körper oder seitlich am Körper hoch!
(2) Neige mit der Ausholbewegung (Arm seitlich gestreckt nach hinten-oben) den Oberkörper nach hinten!
(3) Entwickle eine Hohlkreuzhaltung, dabei verschieben sich die Becken- und Schulterachse parallel!
(4) Löse die entstandene Spannung (Bogenspannung) durch schnelles Vorklappen des Oberkörpers!
(5) Lasse jetzt Wurfarmschulter und Wurfarm folgen!
(6) Führe diese Bewegung schlagartig durch!

FEHLER

o Es wird nicht nach oben, sondern weit gesprungen.
o Bei der Ausholbewegung wird die Schulter nicht zurückgenommen (die Rückführung der Schulter ist erforderlich, um die Kraftübertragung beim schlagartigen Auflösen der Bogenspanne optimal zu gestalten).
o Die Gegenschulter wird nach vorn gebracht, dadurch entsteht eine Rotationsbewegung, die der klappmesserartigen Wurfauflösung entgegenwirkt.
o Zu langes Ausholen verlängert den Beschleunigungsweg des Balls, der durch diese Wurfbewegung (Vorbringen des Oberkörpers) verkürzt werden soll.

Sprungwurf mit gebeugten Knien

BEWEGUNGSANWEISUNG
(1) Mache den letzten Schritt etwas länger, senke das Becken leicht ab!
(2) Spüre die Muskelvorspannung im Sprungbein!
(3) Springe mit beiden Beinen ab, nachdem du vorher in eine leichte Kniebeuge gegangen bist, und drücke dich kräftig mit den Zehenspitzen ab!
(4) Als Rückraumspieler springst du nach oben!
(5) Als Außenspieler springst du nach vorn-oben (du kannst auch hier mit dem Gegenbein, dem Bein der Wurfarmseite, abspringen, um den Wurfwinkel zu verbessern).
(6) Führe als Rückraumspieler den Ball mit einer Hand seitlich am Körper nach hinten-oben!
(7) Als Außenspieler führe den Ball mit beiden Händen nach oben, um die Schwungbewegung zu unterstützen.
(8) Winkle die Beine im Kniegelenk an!
(9) Beende die Wurfvorbereitung mit der normalen Methode – Schulter und Wurfarm zurück – oder mit der Klapptechnik!
(10) Als Außenspieler kannst du auch den Ball kreisförmig hinter den Kopf zur Wurfarmseite führen!
(11) Wirf im höchsten Punkt der Flugphase!
(12) Strecke dabei die Unterschenkel und wirf mit kraftvollem Armzug!
(13) Als Außenspieler wirfst du den Ball in Kopfhöhe ab, nachdem die Beinstreckung erfolgt ist. Dadurch entsteht eine explosive Kraftübertragung. Lasse den Oberkörper gestreckt nach vorn fallen!
(14) Lande auf beiden Beinen!
(15) Als Außenspieler kannst du auch als «Hechtbagger» auf beiden Händen landen!

Trainingsprogramm Sprungwürfe I

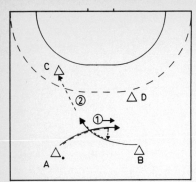

Übung 1 (ohne Abb.)
Zwei Gruppen A und B. Der Spieler der Gruppe A läuft an, erhält den Paß von B und schließt mit Sprungwurf ab. Anschließend wird gewechselt.

Übung 2 (Abb. oben links)
Die Spieler A und B kreuzen gegen Abwehrspieler 1, B paßt nach Ballerhalt im Sprungpaß zu C. Jetzt kreuzen C und D gegen Abwehrspieler 2 und passen zurück zu A oder B.

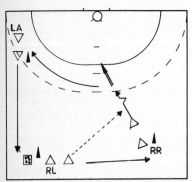

Übung 3
RL mit Paß zu RR, RR mit Sprungwurf. Danach läuft RR in die LA-Position, von dort zu RL-Position.

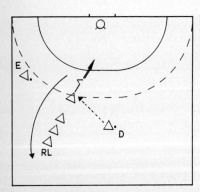

Übung 4
E und D spielen RL abwechselnd an, RL mit Sprungwurf.

Training der Sprungwürfe 121

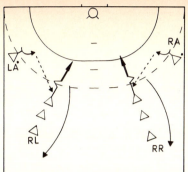 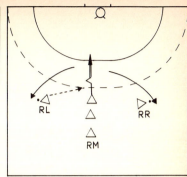

Übung 5
LA und RA spielen nach Stoßbewegung RL bzw. RR an, diese führen Sprungwürfe aus.

Übung 6
RL und RR spielen abwechselnd RM an, dieser schließt mit Sprungwurf ab.

Übung 7
LA und RA spielen RL bzw. RR an, diese passen zurück und beide Außen mit Sprungwurf auf das Tor.

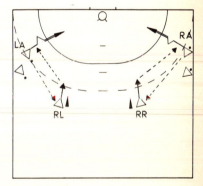

Übung 8
RM mit Stoß und Paß zu RL. RL weiter Sprungpaß zu LA, der schließt mit Sprungwurf ab.

Übung 9
LA mit Stoßbewegung und Paß zu RM. RM täuscht gegen Abwehrspieler 3 und spielt zurück zu RL, der Abwehrspieler 5 bindet. Danach erfolgt das Anspiel zu LA mit Sprungpaß, den LA mit Sprungwurf abschließt.

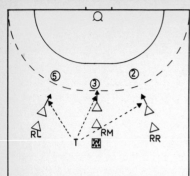
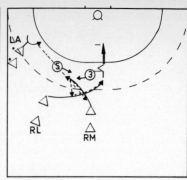

Übung 10
Trainer T spielt abwechselnd RL, RM und RR an. Je nach Abwehrverhalten ihrer Gegenspieler 5, 3 und 2 schließen sie mit Sprungwurf oder Durchbruch ab.

Übung 11
LA mit Stoßbewegung und Paß zu RM. RM kreuzt mit RL gegen die Abwehrspieler 3 und 5. RL mit Sprungwurf aufs Tor.

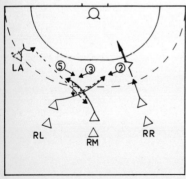
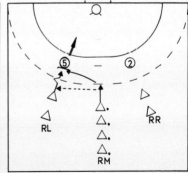

Übung 12
Gleicher Beginn, nach dem Kreuzen zwischen RM und RL paßt RL weiter zu RR, der mit Sprungwurf abschließt.

Übung 13
RM abwechselnd zu RL und RR. Nach Paß läuft RM jeweils zu den Abwehrspielern von RL und RR 5 und 2. Dort stellt RM einen Schirm. RL und RR werfen über den Schirm mit Sprungwurf.

Trainingsprogramm Sprungwürfe II

Übung 1
RL und RM mit Pässen zu LA bzw. RR. Diese schließen mit Sprungwurf ab.

Übung 2
Pässe von RL und RR zu LA und RA. LA und RA spielen zurück, während RL und RR mit Sprungwürfen gegen die defensiven Abwehrspieler 5 und 2 abschließen.

Übung 3
RL mit Sprungpaß zu RR, der mit Sprungwurf abschließt.

Übung 4
RM gegen Abwehrspieler 3 mit Sprungpaß zu RL. RL mit Sprungpaß gegen Abwehrspieler 5 zu RR. Dieser wirft mit Sprungwurf.

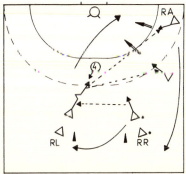 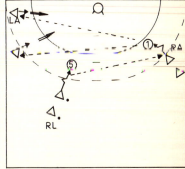

Übung 5
RR mit Paß zu RL. RL mit Sprungpaß gegen Abwehrspieler 4 zu RA entweder zum Eckenaußen oder Linienaußen. RA mit Sprungwurf aufs Tor. Die Positionen werden in der angegebenen Form gewechselt.

Übung 6
RL mit Sprungpaß gegen 5 zu RA. RA mit Sprungpaß gegen 1 zum Ecken- oder Linienaußen LA. Abschluß mit Sprungwurf.

124 Training der Sprungwürfe

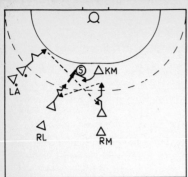

Übung 7
LA mit Sprungpaß zu RM. RM mit Sprungpaß zu RL. KM stellt in diesem Moment eine Sperre gegen Abwehrspieler 5, die RL mit Sprungwurf überwirft.

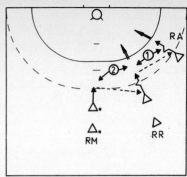

Übung 8
RM mit Paß zu RR. RR entscheidet nach Sprung je nach Abwehrverhalten von Abwehrspieler 2 und 1, ob Sprungwurf aufs Tor oder Sprungpaß zu RA. In diesem Fall schließt RA mit Sprungwurf ab.

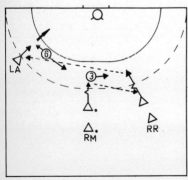

Übung 9
Sprungpässe von RM über RR zu LA. LA schließt mit Sprungwurf gegen Abwehrspieler 6 ab.

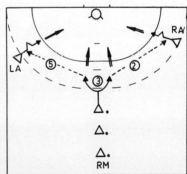

Übung 10
RM mit Täuschbewegung gegen Abwehrspieler 3. Je nach Abwehrverhalten von 3, 5 oder 2 entweder Wurf oder Zuspiel an RA bzw. LA. Diese werfen im Sprung auf das Tor.

Komplizierte Techniken

Täuschbewegungen

Die in diesem Trainingsprogramm entwickelten Übungsformen enthalten zum Teil vorgeschriebene Schwerpunkte, sind aber so konstruiert, daß die Schwerpunkte verändert werden können. Es ist denkbar, daß zwischen Wurftäuschungen, Körpertäuschungen, Zuspieltäuschungen und Lauftäuschungen gewechselt werden kann. Darüber hinaus ist es auch möglich, die Art der Ballannahme zu variieren, z. B. Ballannahme im Sprung, mit Rechts- oder Linksschritt. Alle Übungsformen lassen sich außerdem in der Spielerzahl, in den Positionen, in Lauf- und Paßwegen so verändern, wie es jeweils der Trainingssituation und den Erfordernissen, abgeleitet vom Leistungsstand der Spieler, angepaßt werden muß.

Wichtig ist der Hinweis, daß die Übungen eines Trainingsprogrammes vorwiegend Komplexübungen sind, d. h., sie werden spielnah trainiert. Die Grundbewegung gilt als bekannt und weitgehend beherrscht, so daß mit Hilfe der Komplexübungen eine Steigerung in der Qualität der Bewegung ermöglicht wird. Die Grundbewegung wird verfeinert und stabilisiert.

Die entscheidende Frage, die der Trainer anfangs lösen muß, ist, ob er vorwiegend Übungsformen des Aufbauprogrammes verwenden sollte oder ob seine Spieler bereits in der Lage sind, mit Komplexübungen zu arbeiten. Keineswegs sollte er das Aufbauprogramm vernachlässigen oder zu schnell zu den spielnahen Formen übergehen. Auch hier gilt: erst kommt die Beherrschung der Technik, dann wird sie taktisch umgesetzt, d. h., dann wird sie spielnah verfeinert und stabilisiert. Wird diese Regel nicht beachtet, kommt es zu Fehlern, die später schwer aufzubrechen sind.

BEWEGUNGSANWEISUNG
WURFTÄUSCHUNG NACH BALLANNAHME IM RECHTSSCHRITT

(1) Nimm den Ball vor Aufsetzen des rechten Fußes an!
(2) Damit hast du den 1. Schritt ausgeführt!
(3) Setze den linken Fuß stemmend seitlich nach vorn!
(4) Damit hast du den 2. Schritt ausgeführt!
(5) Beginne mit der Ausholbewegung zum Wurf!
(6) Führe den Wurf nicht aus, sondern bremse die Wurfbewegung und nimm den Ball wieder in beide Hände!
(7) Gleichzeitig setzt die Gegenbewegung mit dem Aufsetzen des rechten Fußes seitlich nach vorn ein.
(8) Damit hast du den 3. und letzten Schritt im Sinne der Regel getan!
(9) Überlege jetzt die Folgehandlung: Wurf, Abspiel oder Tippen!
(10) Schütze beim Vorbeilaufen am Gegenspieler den Ball mit dem Körper!

BEWEGUNGSANWEISUNG
KÖRPERTÄUSCHUNG NACH SPRUNG IN DIE PARALLELE FUSS-STELLUNG

(1) Nimm den Ball im Sprung an!
(2) Lande gleichzeitig mit beiden Beinen!
(3) Das ist kein 1. Schritt im Sinne der Regel.
(4) Halte den Ball mit beiden Händen vor dem Körper!
(5) Täusche durch «Wackeln» mit dem Oberkörper eine Bewegungsrichtung an!
(6) Setze einen Fuß seitlich nach vorn (1. Schritt)!
(7) Mache einen weiteren Ausfallschritt in die gleiche Richtung (2. Schritt)!
(8) Schließe noch einen Schritt an (3. Schritt)!
(9) Hole zwischen dem 2. und 3. Schritt aus und schließe nach dem 3. Schritt die Folgehandlung ab (Wurf oder Zuspiel)!

BEWEGUNGSANWEISUNG
TÄUSCHUNGSBEWEGUNG MIT DREHUNG
DREHUNG AUS DER PARALLELEN GRUNDSTELLUNG

(1) Nimm den Ball im Sprung an und lande gleichzeitig auf beiden Beinen!
(2) Mache eine Körpertäuschung nach links!
(3) Drehe danach blitzschnell auf dem rechten Fußballen um 180°!
(4) Mache einen Schritt mit dem linken Fuß seitlich nach vorn (1. Schritt)!
(5) Setze jetzt das rechte Bein nach vorn (2. Schritt)!
(6) Mache den 3. Schritt mit dem linken Fuß!
(7) Während Schritt 2 und 3 erfolgt die Ausholbewegung.
(8) Schließe die Folgehandlung nach Schritt 3 mit Wurf oder Zuspiel ab.

Bedenke, daß du bei der Ballannahme im Rechts- oder Linksschritt nur noch zwei weitere Schritte, einschließlich der Drehung, ausführen darfst!

DREHUNG MIT ZWEI SCHRITTEN IN DER LINKSAUSSEN-POSITION

(1) Setze aus der Grundstellung den linken Fuß rechts seitlich nach vorn!
(2) Drehe über den rechten Fußballen, nachdem du einen Schritt in die entgegengesetzte Richtung getan hast (2. Schritt).
(3) Springe mit dem rechten Bein ab!

Hier läßt sich auch eine Drehung mit 3 Schritten durchführen. Bedingung ist die parallele Grundstellung nach Ballannahme während des Sprunges. Die weitere Möglichkeit ist die Ballannahme nach Rechts- oder Linksschritt mit der Beachtung der Schrittregel in den Folgehandlungen.

Trainingsprogramm Täuschbewegungen

Übung 1
Trainer T paßt zu RM. RM mit Täuschbewegung und Torwurf gegen Abwehrspieler 3.

Übung 2
LA mit Paß zu RL. RL mit Täuschbewegung und Durchbruch rechts gegen Abwehrspieler 5. Anschließend werden die Positionen gewechselt.

Übung 3
RA mit Paß zu RR. RR mit Täuschbewegung und Durchbruch links gegen Abwehrspieler 2. Danach Positionswechsel.

Übung 4
LA zu RL und RA zu RR. Beide Halbspieler gegen ihre Abwehrspieler 5 bzw. 2 mit Täuschbewegung und Rückpaß zu den Außen, die mit einem Torwurf abschließen. Anschließend wechseln die Außenspieler in die Halbpositionen und die «Halben» nach außen.

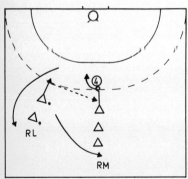 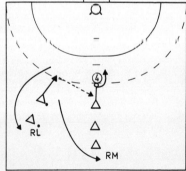

Übung 5
RL mit Paß zu RM. RM aus der parallelen Grundstellung mit Drehung nach links gegen Abwehrspieler 4. Anschließend werden die Positionen gewechselt.

Übung 6
RL mit Paß zu RM. Ballannahme im Sprung. Aus der parallelen Grundstellung mit Täuschbewegung und Drehung über rechts gegen Abwehrspieler 4. Danach erfolgt Positionswechsel.

Training der Täuschbewegungen 129

Übung 7
RR mit Paß zu RM. RM mit Ballannahme im Sprung. Aus der parallelen Grundstellung mit Täuschbewegung und Drehung über links gegen Abwehrspieler 4. Anschließend werden die Positionen gewechselt.

Übung 8
RR mit Paß zu RM. RM mit Ballannahme im Sprung. Aus der parallelen Grundstellung mit Täuschbewegung und Drehung über rechts gegen Abwehrspieler 4. Danach erfolgt Positionswechsel.

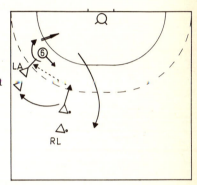

Übung 9
RL mit Stoß und Paß zu LA. LA mit Täuschbewegung und Durchbruch über links gegen Abwehrspieler 6. LA wechselt dann in die RL-Position, RL in die LA-Position.

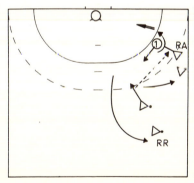

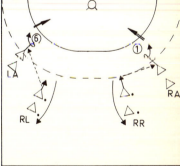

Übung 10
RR mit Paß nach Stoßbewegung (1 kommt) zu RA. RA mit Täuschbewegung und Durchbruch über rechts. Dann Positionswechsel.

Übung 11
RL und RR mit Pässen zu LA bzw. RA. Beide Außen versuchen mit Täuschbewegung und Drehung gegen ihre Abwehrspieler 6 und 1 zum Erfolg zu kommen.

Training der Täuschbewegungen

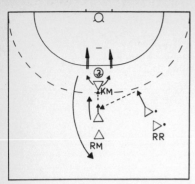

Übung 12
RR mit Paß zu RM. RM mit Stoßbewegung und Anspiel zu KM. KM versucht mit einer Täuschbewegung über rechts oder links gegen Abwehrspieler 3 zum Durchbruch zu kommen.

Übung 13
RM mit Paß zu RL. RL mit Stoß und Anspiel an KM, der vorher mit einer Täuschbewegung nach rechts gegen Abwehrspieler 3 einen Durchbruch über links versucht. Positionswechsel: RM wird KM, KM wird RM.

Übung 14
RM mit Paß zu RR. RR mit Stoß und Zuspiel an den sich absetzenden KM, der vorher gegen Abwehrspieler 3 eine Täuschbewegung nach links ausgeführt hat. Positionswechsel zwischen RM und KM.

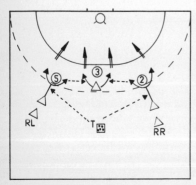

Übung 15
Trainer T spielt abwechselnd RL und RR an. Diese versuchen mit einer Täuschbewegung einen Durchbruch gegen ihre Abwehrspieler 5 bzw. 2. Möglichkeiten des Abschlusses mit Torwurf oder Anspiel an KM, der seinerseits Täuschbewegungen gegen Abwehrspieler 3 durchführt.

Übung 16

RM mit Paß zu RL. RL mit Täuschbewegung und Durchbruch zu beiden Seiten gegen Abwehrspieler 5. Abschluß durch Rückpaß zu RM, der mit Sprungwurf vollendet, oder Anspiel zu LA, der sich gegen Abwehrspieler 6 durchsetzt. Positionswechsel zwischen RL und LA.

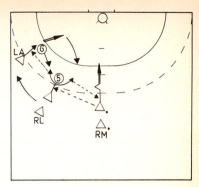

Übung 17

Der gleiche Übungsaufbau wie in Übung 16. Abschlußmöglichkeiten: RM wirft, nach Aufnahme des Rückpasses mit Sprungwurf, RR mit Torwurf oder Anspiel zu RA, RA mit Täuschbewegung und Durchbruch zu beiden Seiten.

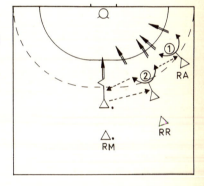

Übung 18

RR mit Paß zu RM. RM mit Durchbruch zu beiden Seiten, Torwurf oder Abspiel zu RL. RL mit Täuschbewegung und Durchbruch nach beiden Seiten.

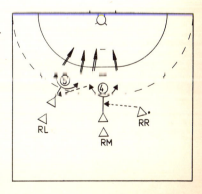

132 Training der Täuschbewegungen

Übung 19
LA mit Paß zu RL. RL mit Täuschbewegung und Durchbruch; Entscheidung für Torwurf, Rückpaß zu LA, Anspiel an RM oder Anspiel an KM, der sich nach einer Täuschbewegung rechts zur linken Seite absetzt.
Bei Ballannahme durch RM entsteht für RM die Entscheidung Anspiel an KM oder Torwurf.

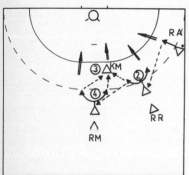

Übung 20
Paß RA zu RR, RR mit Entscheidung nach Täuschbewegung und Durchbruch direkter Torwurf, Rückpaß zu RA, Anspiel an KM oder Abspiel an RM. Danach RM mit Täuschbewegung und Durchbruch. Seine Entscheidung: Anspiel an KM oder Torwurf.

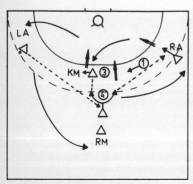

Übung 21
LA mit Paß zu RM. RM mit Täuschbewegung und Durchbruch. Entscheidungsmöglichkeiten: Anspiel an den sich absetzenden KM, Torwurf oder bei Herankommen von Abwehrspieler 1 Paß zu RA, der mit Torwurf abschließt.
Positionswechsel: LA zu RM, RM seinem Paß nach, KM zu LA und RA nach Torwurf zu KM.

Übung 22

RA dribbelt mit Ball nach innen und paßt zu RL. RL mit Täuschbewegung und Durchbruch gegen Abwehrspieler 5. Paß zu RA oder Torwurf.

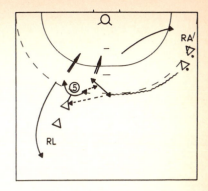

Übung 23

T gibt Pässe zu RL oder RR. Beide Halbspieler mit Täuschbewegungen und Durchbruchsversuchen gegen ihre Abwehrspieler. Entscheidungen: Torwurf, Anspiel an KM oder Anspiele an die Außen, die sich gegen ihre Abwehrspieler durchsetzen.

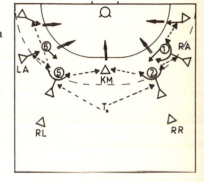

Übung 24

RL mit Paß zu RM, weiter zu RR, RR mit Täuschbewegung rechts und Durchbruch links, Abspiel an kreuzenden KM.

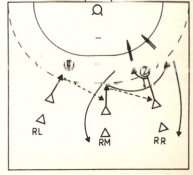

Kreuzen

BEWEGUNGSANWEISUNG
(1) Nimm den Ball in der Vorwärtsbewegung an!
(2) Führe eine Stoßbewegung auf die «Nahtstelle» zwischen zwei Abwehrspielern durch!
(3) Verändere deine Laufrichtung kurz vor Erreichen der «Nahtstelle» so, daß deine Laufrichtung fast parallel zum Kreis zeigt!
(4) Starte in diesem Moment als Mitspieler und kreuze den Laufweg im Rücken des Ballhalters!
(5) Spiele den Ball als Ballhalter zum einlaufenden Mitspieler möglichst in der Nähe des Schnittpunktes der beiden Laufwege!
(6) Spiele den günstigsten Paß! (Möglichkeiten: Hüftschwungpaß mit beiden Händen innen oder außen, Rückpaß über die Schulter, Paß nach normaler Ausholbewegung, der Ball wird nach der Rückführung des Wurfarmes herausgespielt).
(7) Laufe weiter in eine Sperrstellung! (Die Sperre kann als Schirm, Rückensperre oder Frontalsperre seitlich aufgebaut werden.)
(8) Suche nach Ballübernahme die günstigste Wurfposition (eng am frontalsperrenden Mitspieler vorbei oder die möglichst nahe Wurfposition hinter dem Schirm)!

FEHLER
o Der Ballhalter deutet durch seine Laufrichtung zu früh das Kreuzen an.
o Der Paß wird zu früh oder zu spät zum Mitspieler gespielt.
o Der Schnittpunkt der beiden Laufwege liegt zu weit vor der Abwehr.
o Der erste Spieler baut keine Sperrstellung auf, sondern läuft am Schwerpunkt der Wurfposition vorbei.
o Der werfende Spieler läuft in den nächsten Abwehrspieler, d. h., er nutzt die Sperrstellung nicht.

Trainingsprogramm Kreuzen

Übung 1
LA mit Paß zu RL. RL kreuzt mit RR gegen Abwehrspieler 4. RR mit Torwurf. Anschließend Positionswechsel: LA zu RL, RL zu RA, RR zu LA und RA zu RR.
Nach einigen Durchgängen Seitenwechsel. Beginn mit Pässen von RA.

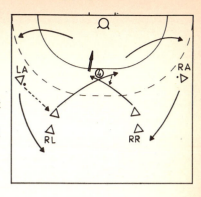

Übung 2
Paß LA zu RL. RL kreuzt mit RM gegen Abwehrspieler 5 und 4. RM mit Torwurf gegen die Wurfhand (RM Rechtshänder). Anschließend Positionswechsel in der angegebenen Weise.

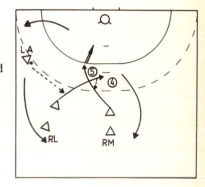

Übung 3
RM kreuzt abwechselnd mit RL und RR, die mit Torwurf gegen Abwehrspieler 5 und 2 abschließen.

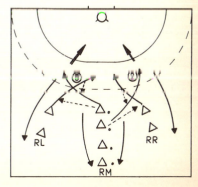

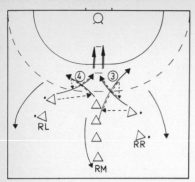
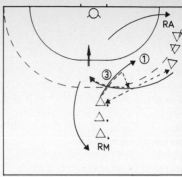

Übung 4
Pässe von RR bzw. RL zu RM. Danach kreuzt RM mit RL oder RR gegen die Abwehrspieler 3 und 4.

Übung 5
RM kreuzt mit RA. RA schließt mit Torwurf gegen Abwehrspieler 3 ab.

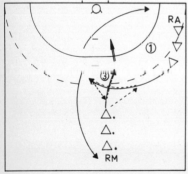
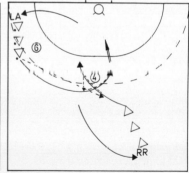

Übung 6
RM kreuzt mit dem einlaufenden RA gegen Abwehrspieler 3 nach Paß von RM zu RA. RM schließt mit Torwurf ab.

Übung 7
LA mit Paß zu RR. Anschließend kreuzen RR und LA gegen Abwehrspieler 6 und 4. LA schließt mit Torwurf ab.

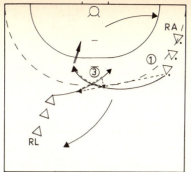
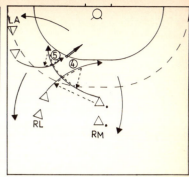

Übung 8
RA mit Paß zu RL. RL kreuzt mit dem einlaufenden RA gegen die Abwehrspieler 1 und 3. RA schließt mit Torwurf ab.

Übung 9
RM mit Paß zu RL. RL kreuzt mit RA gegen Abwehrspieler 4. Anschließend kreuzen RM und der einlaufende LA gegen Abwehrspieler 5. LA schließt mit Torwurf ab.

Übung 10
RL mit Paß zu LA. LA läuft ein und kreuzt mit RM. RM kreuzt anschließend mit RL gegen die Abwehrspieler 4 und 5. RL schließt mit Torwurf ab.

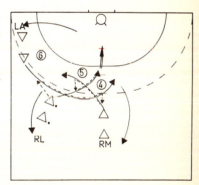

Varianten
Die hier exemplarisch aufgeführten Übungsformen lassen sich durch folgende Maßnahmen umgestalten.
- Veränderungen der Positionen,
- Veränderung des Auftakts (erster Paß),
- Veränderungen der Paßfolgen,
- Verkleinerung oder Vergrößerung der Spielerzahl,
- Veränderung der Abwehrspieler und deren Abwehrverhalten.
Der Schwerpunkt «Kreuzen» bleibt dabei erhalten, die Anzahl der Übungsformen steigt aber umfangsmäßig.

Sperren

BEWEGUNGSANWEISUNG
(1) Stelle dich so, daß der Abwehrspieler, der gesperrt werden soll, deine Absicht nicht zu schnell durchschaut!
(2) Beobachte den ballhaltenden Mitspieler sehr genau!
(3) Wenn du siehst, daß der Gegenspieler durch eine Täuschbewegung vom Ballhalter gebunden ist, laufe in die Sperrstellung.
(4) Suche dir die günstigste Form der Sperre aus!
(5) Will dein Mitspieler einen Wurf aus dem Rückraum ansetzen, bilde einen Schirm! (Du sperrst seinen Gegenspieler mit dem Rücken.)
(6) Will er nach der Täuschbewegung seitlich vorbei, dann sperre seinen Gegenspieler frontal oder seitlich! (Du sperrst mit der Brust oder mit der Seite.)
(7) Setze die Sperre nur flüchtig, aber im richtigen Zeitpunkt an und beachte dabei die Sperregel! (Zum Sperren dürfen weder Arme noch Beine verwendet werden, allein das Sperren mit dem Körper ist erlaubt.)
(8) Setze dich ab, wenn es die Situation erfordert!

FEHLER
- Es wird zu früh oder zu spät in die Sperrstellung gelaufen.
- Der Abwehrspieler wird gerempelt oder umgelaufen.
- Die Sperrabsicht wird zu früh erkennbar.
- Es wird beim Sperren geklammert oder gehalten.
- Der ballhaltende Mitspieler wird zu lange beobachtet, dabei werden die Bewegungen des Gegenspielers übersehen oder falsch eingeschätzt, der Sperrversuch mißlingt daher.
- Der Sperrende macht ein Stürmerfoul.
- Er benutzt die Beine, um den Laufweg des Abwehrspielers zu verstelllen.

Trainingsprogramm Sperren

Übung 1
KM mit Paß zu RM. KM stellt eine Sperre gegen Abwehrspieler 3, setzt sich ab, erhält den Rückpaß von RM und wirft.

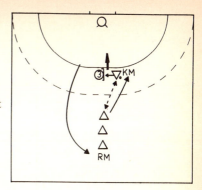

Übung 2
Der erste Kreisläufer spielt den Paß zu RM und stellt eine Sperre gegen Abwehrspieler 3. Der 2. Kreisläufer umläuft die Sperre, erhält den Paß von RM und wirft.

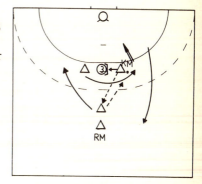

Übung 3
Der gleiche Übungsaufbau, jetzt umläuft der 2. Kreisläufer die Sperre und erhält den Paß von RL.

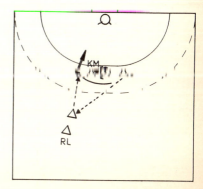

Trainingsprogramm Sperren

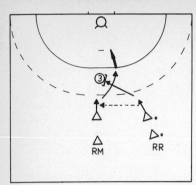

Übung 4
RR mit Paß zu RM. RR läuft eine Sperre gegen Abwehrspieler 3. RM umspielt die Sperre und wirft.

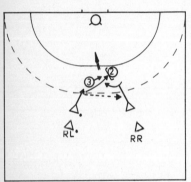

Übung 5
RL mit Paß zu RR. RL läuft eine Sperre gegen Abwehrspieler 2. Der Abwehrspieler 3 geht mit. RR mit Täuschbewegung und Umspielen der Sperre.

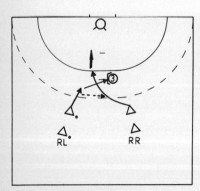

Übung 6
RL mit Paß zu RR. RL läuft eine Sperre gegen Abwehrspieler 3. RR mit Umspielen der Sperre und Torwurf.

Übung 7

RR mit Paß zu RM, danach Sperre
gegen 3, Abwehrspieler 2 geht mit.
RM mit Täuschbewegung und Umspielen der Sperre.

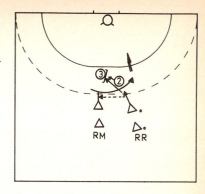

Übung 8

RL mit Paß zu LA. LA mit Täuschbewegung gegen Abwehrspieler 6.
Gleichzeitig stellt KM eine Sperre
gegen 6. LA umläuft die Sperre und
wirft.

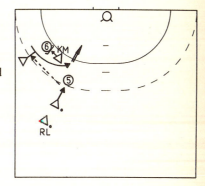

Übung 9

RL mit Paß zu RR. KM 1 stellt eine
Sperre gegen Abwehrspieler 2.
Gleichzeitig läuft KM 2 aus seiner
Position gegen 3, an der Sperrstel-
lung KM 1 gegen 2 vorbei, erhält
das Zuspiel von RR und wirft.

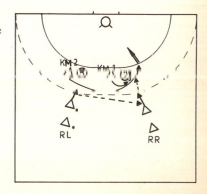

142 Trainingsprogramm Sperren

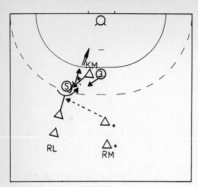

Übung 10
RM mit Paß zu RL. RL mit Stoßbewegung und Täuschung gegen den heraustretenden Abwehrspieler 5. KM löst sich vom Kreis, stellt eine Sperre gegen Abwehrspieler 5 und setzt sich sofort zum Kreis ab. Währenddessen bricht RL ein, wird von Abwehrspieler 3 angenommen und spielt im Sprungpaß zum sich absetzenden KM. KM schließt ab. (Hier ist auch ein Paß um den Rücken von RL zum KM denkbar.)

Übung 11
RA mit Paß zu RR. RR mit Täuschungsbewegung gegen Abwehrspieler 4. Währenddessen laufen RA gegen 2 und KM um die Sperrstellung RA gegen 2 in eine Sperre gegen 1. RR kommt so zum Abschluß mit einem Torwurf.

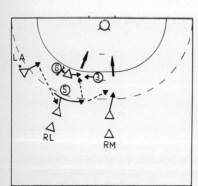

Übung 12
LA mit Paß zu RL. RL nach Täuschungsbewegung weiter zu RM. Inzwischen hat KM eine Sperre gegen Abwehrspieler 6 gestellt, aus der er sich wieder parallel zum Kreis absetzt. RL mit Entscheidung entweder Paß zu KM oder Paß zu RM je nach Abwehrverhalten von Abwehrspieler 3.

Das Training der Abwehr

Grundbewegungen in der Abwehr

BEWEGUNGSANWEISUNG GRUNDSCHRITTE
(1) Nimm eine Schrittstellung ein! (Füße stehen etwas über Schulterbreite nebeneinander.)
(2) Verteile das Körpergewicht gleichmäßig auf beide Beine!
(3) Beuge die Knie!
(4) Neige den Oberkörper leicht nach vorn!
(5) Lasse die Arme locker nach unten hängen, winkle die Ellenbogen an und lasse beide Handflächen nach vorn zeigen!
(6) Orientiere dich zum Wurfarm des Gegenspielers!
(7) Gehe mit der vorderen Hand zum Wurfarm des Gegenspielers!
(8) Setze einen Fuß mit einem kleinen Schritt in die Abwehrrichtung!
(9) Ziehe den anderen Fuß flach an den vorderen heran!
(10) Bleibe im Oberkörper leicht gebeugt und lasse die Knie angewinkelt!
(11) Halte möglichst engen Bodenkontakt und springe nicht!
(12) Bewege dich mit kurzen schnellen Schritten in die gewünschte Richtung und halte dabei das Gleichgewicht!

144 Grundbewegungen in der Abwehr

FEHLER
- Die Füße werden zu eng oder zu weit gesetzt.
- Die Körperhaltung ist zu aufrecht.
- Das Körpergewicht ist einseitig verteilt.
- Die Abwehr geht nicht zum Wurfarm des Gegenspielers.
- Die Arme sind beide nach oben oder seitlich nach oben gehalten.
- Die Füße werden beim Sidestep gekreuzt.
- Die Nachstellschritte werden im Springen durchgeführt.

Trainingsprogramm Grundbewegungen in der Abwehr

Übung 1
Spieler A dribbelt mit dem Ball zu Spieler B, dieser übernimmt und dribbelt zu C usw. Abwehrspieler 1 begleitet A und B mit Nachstellschritten, dann übernimmt Abwehrspieler 2.
Variante: Spieler 1 begleitet mehrere Durchgänge, erst dann wird gewechselt.

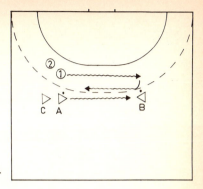

Übung 2
Spieler A stößt und paßt zu B. Abwehrspieler 1 kommt zur Abwehr und begleitet den Paß zu B. Anschließend läuft Spieler 1 in seine Ausgangsposition zurück. Spieler B stößt und paßt zu A zurück. Jetzt tritt Abwehrspieler 2 gegen den stoßenden A heraus und begleitet wiederum den Paß zu B.

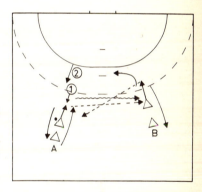

Übung 3
Spieler A paßt zu B und läuft seinem Paß nach. B spielt zurück zu A. Dieser führt eine Wurftäuschung gegen den mitgelaufenen Abwehrspieler 1 aus und spielt anschließend den Rückpaß zu B. B paßt zu A auf die andere Seite. Diesen Paß begleitet Abwehrspieler 1 zurück in seine Ausgangsposition. B läuft seinem Paß nach. Jetzt beginnt die gleiche Übung mit Abwehrspieler 2.

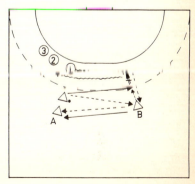

Übung 4

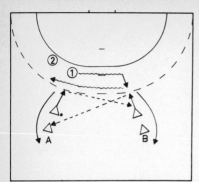

Spieler A stößt und paßt zu B, Abwehrspieler 1 begleitet diesen Paß an der Torraumlinie und tritt erst heraus, wenn Spieler B stößt. Anschließend begleitet Abwehrspieler 1 den Paß zurück von B nach A.

Übung 5

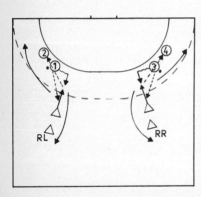

Abwehrspieler 1 und 3 spielen den Paß zu RL bzw. RR. Die Halbspieler stoßen, währenddessen sind Abwehrspieler 1 und 3 mit Nachstellschritten in die Abwehrpositionen eingerückt und treten gegen die «Halben» heraus.
RL und RR spielen zu 2 und 4 und begeben sich in die Abwehrpositionen nach außen. Die Abwehrspieler 1 und 3 übernehmen RL bzw. RR.

Übung 6

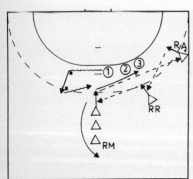

Paßfolge von RA über RR zu RM nach Stoßbewegungen zurück zu RA. Abwehrspieler 1 bewegt sich mit Nachstellschritten um die vorgegebenen Male und tritt gegen RM heraus. Während des Rückpasses von RM auf RA zieht sich 1 zurück, und nun folgt Abwehrspieler 2.

Abwehr – Training der Grundbewegungen

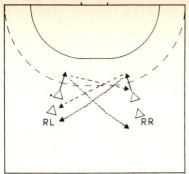

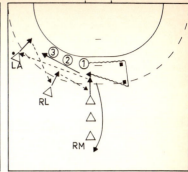

Übung 7
RL mit Stoß und Paß zu RR, anschließend mit Nachstellschritten in die Position RR. Dann Paß RR zu RL und Nachstellschritte in Position RL.

Übung 8
Paßfolge LA, RL zu RM, RM mit Stoß und Paß zurück zu LA. Abwehrspieler 1 steppt von Mal zu Mal und tritt gegen RM heraus, anschließend zurück in die Ausgangsposition.

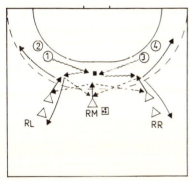

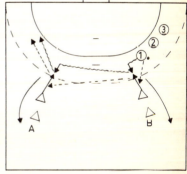

Übung 9
RM spielt abwechselnd zu RL und RR. Abwehrspieler 1 und 3 begleiten die Pässe mit Sidesteps bis zum vorgegebenen Mal in der Mitte und zurück in die Ausgangsposition. RR und RL spielen nach Stoß die Pässe zurück zu RM.

Übung 10
Abwehrspieler spielt zu B, dieser stößt. Abwehrspieler 1 steppt in die Abwehrposition gegen B und tritt heraus. B paßt zu A, Abwehrspieler 1 begleitet den Paß, tritt gegen den stoßenden A heraus, dann in die Außenposition, wo er den Paß von A erhält. Nun folgt der Paß von 1 zu 2.

Einzelblock

Es gibt unterschiedliche Formen des Blockens:
- das Blocken hoher Schlagwürfe,
- das Blocken seithoher Schlagwürfe,
- das Blocken tiefer Schlagwürfe,
- das defensive Blocken gegen Sprungwürfe,
- das offensive Blocken gegen Sprungwürfe.

BEWEGUNGSANWEISUNG EINZELBLOCK
(1) Stehe in schulterbreiter Schrittstellung!
(2) Nimm eine Blockhaltung zur Wurfarmseite des Angreifers ein!
(3) Führe die Arme parallel nach oben oder zur Seite, blocke bei tiefen Schlagwürfen mit der ballnahen Hand, nachdem du einen Ausfallschritt in diese Richtung gemacht hast!
(4) Deine Handflächen zeigen beim Blocken nach vorn, die Finger sind leicht gespreizt!
(5) Achte darauf, daß die Handflächen dicht nebeneinander liegen, damit der Ball nicht durchrutschen kann!
(6) Strecke den Körper bei hohen Bällen, das gilt besonders beim Blocken von Sprungwürfen!
(7) Springe bei Sprungwürfen mit, denke daran, daß du erst springst, wenn der Angreifer seinen höchsten Sprungpunkt erreicht! (Du bist dann im höchsten Punkt, wenn der Ball die Hand des Angreifers verläßt.)
(8) Beobachte immer genau die Angriffsaktion des Gegenspielers!
(9) Drehe nicht den Körper weg, halte die Augen geöffnet!

FEHLER
- zu breite Schrittstellung,
- ungleich verteiltes Körpergewicht,
- gebeugte Knie,
- fehlende Körperstreckung,
- zu weit auseinandergehaltene Handflächen,
- zu frühes oder spätes Abspringen,
- Kopfeinziehen, Wegdrehen, Augen schließen.

Trainingsprogramm Einzelblock

Übung 1
Spieler der Gruppe A und C werfen abwechselnd nach Zuspiel der Abwehrspieler 1 und 2 auf das Tor. Abwehrspieler 1 und 2 blocken die Torwürfe.

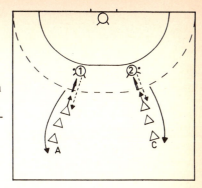

Übung 2
TW 2 spielt abwechselnd Spieler der Gruppe D und E an. Diese werfen auf das Tor. Abwehrspieler 1 und 2 blocken offensiv oder defensiv.

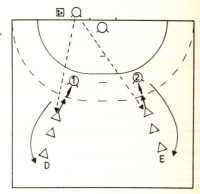

Übung 3
Abwehrspieler 1 paßt zu RL, dieser stößt, während Abwehrspieler 1 zum Blocken heraustritt. RL paßt zu RM, RM mit Wurf auf das Tor. Abwehrspieler 1 mit Sidesteps und Block zur Verhinderung des Torwurfes.

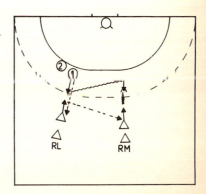

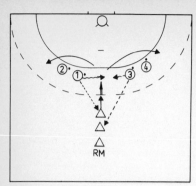

Übung 4
Abwehrspieler 1 paßt zu RM, RM stößt und wirft aufs Tor. Abwehrspieler 1 verhindert mit Sidesteps und Blockhaltung den Torwurf. Dann folgt Abwehrspieler 3 mit der gleichen Aufgabe von der rechten Seite.

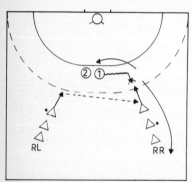

Übung 5
Der Spieler der Gruppe RL paßt zum Spieler der Gruppe RR, dieser stößt und versucht einen Torwurf, Abwehrspieler 1 mit Sidesteps und offensivem Block.

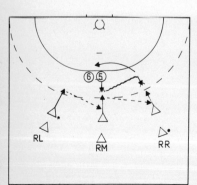

Übung 6
Paß von RL zu RM und weiter zu RR. Abwehrspieler 5 verschiebt mit Nachstellschritten und versucht den Wurf von RR defensiv zu blocken.

Übung 7

Abwehrspieler 1 paßt zu Angreifer RL. RL mit Stoß, während Abwehrspieler 1 entscheidet, ob er offensiv oder defensiv blockt. Das gleiche auf der anderen Angriffsseite.

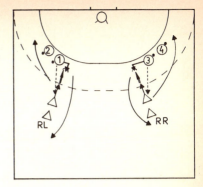

Übung 8

Abwehrspieler 2 paßt zu RR, RR stößt, und Abwehrspieler 2 folgt mit Nachstellschritten in eine Abwehrposition gegen RR, die Abwehr erfolgt mit Block. Auf der anderen Angriffsseite Abwehrspieler 1 gegen RL mit der gleichen Aufgabe.

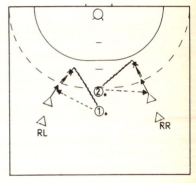

Übung 9

LA mit Paß zu RL. RL mit Stoß und Wurftäuschung gegen Abwehrspieler 1. RL mit Paß zurück zu LA, den Abwehrspieler 1 begleitet und versucht, einen Wurf von LA zu blockieren. Gleiche Aufgabe für RR, RA und Abwehrspieler 2 auf der Gegenseite.

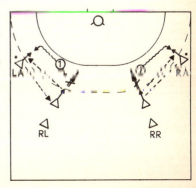

Übung 10

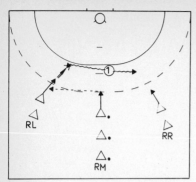

RM mit abwechselnden Pässen zu RL und RR. Abwehrspieler 1 blockt auf beiden Seiten.

Übung 11

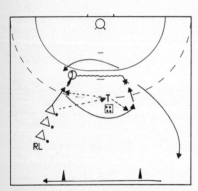

RL zu T, T zurück zu RL, Abwehrspieler 1 kommt zur Abwehr. Anschließend läuft RL in die RR-Position, bekommt einen 2. Ball von T, währenddessen ist auch Abwehrspieler 1 in diese Abwehrposition gelaufen und blockt. 1 läuft um die Male in die RL-Position, RL wird Abwehrspieler.

Übung 12

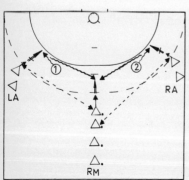

RM abwechselnd mit Pässen zu LA und RA. Beide Außen gehen mit Wurftäuschungen gegen ihre Abwehrspieler 1 und 2. Pässe zurück zu RM, die die beiden Abwehrspieler begleiten, um Torwürfe von RM zu blocken.

Abwehr von Durchbrüchen 1:1

BEWEGUNGSANWEISUNG
DURCHBRÜCHE VERHINDERN

- In der Nahwurfzone und in der mittleren Fernwurfzone (Freiwurfraum) wird der ballbesitzende Angreifer eng gedeckt!
- Die Pässe der Gegenspieler werden antizipiert, d. h., aus den Stellungen der Körperachsen (Becken, Schulter) und der Hände, der Blickverbindung zum eigenen Mitspieler wird die Zuspielrichtung vom Abwehrspieler erkannt und darauf entsprechend reagiert! (Verstellen der Paßrichtung mit den Armen oder rechtzeitiges Heraustreten.)
- Nicht überstürzt heraustreten, es besteht die Gefahr, auf eine Täuschung hereinzufallen!
- Nicht springen!
- Bewegungen in kurzen, schnellen Schritten, mit engem Bodenkontakt, um jederzeit auf Bewegungs- und Richtungsänderungen reagieren zu können!
- Beim Annehmen des Angreifers einen Arm auf dessen Unterarm legen (ballführende Hand), um die Wurf- oder Abspielmöglichkeit einzuschränken und die andere Hand zur Hüfte des Angreifers führen.
- Beim diagonalen Einlaufen des Angreifers so eng decken, daß er nicht zum Wurf kommt!
- Die Außenspieler verhindern das Durchbrechen des Angreifers nach innen, indem sie versuchen, ihn in den Außenraum abzudrängen!
- Immer auf die Wurfhand gehen, den Wurf verhindern oder beim Ausholen den Ball herausspielen!
- Bei Täuschungshandlungen «linke nlassen», mitgehen und erneut den Durchbruchraum mit Armen und Körper absichern!
- Ständig auf abprallende Bälle eingerichtet sein und beim Kampf um den abgeprallten Ball den Gegenspieler aus der Ballrichtung drängen (vgl. Klussow 1986, 20)!

Trainingsprogramm Abwehr von Durchbrüchen 1:1

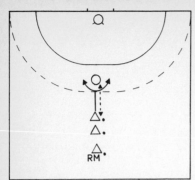

Übung 1
RM spielt zum Abwehrspieler, anschließend erfolgt ein Durchbruch gegen den Abwehrspieler. Danach erfolgt ein Rollenwechsel von Abwehrspieler und Angreifer.

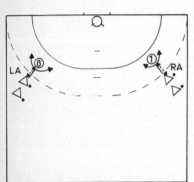

Übung 2
LA und RA versuchen, gegen die Abwehrspieler 6 bzw. 1 auf den Außenpositionen durchzubrechen.

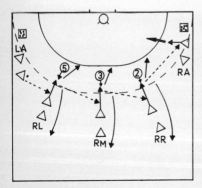

Übung 3
Paß von LA zu RL über RM, weiter zu RR und schließlich zu RA, der mit einem Torwurf abschließt. Die Abwehrspieler 5, 3 und 2 verhindern durch Heraustreten und Festmachen einen Durchbruch. Wenn die Möglichkeit besteht, muß der Angreifer mit einem Torwurf abschließen. Dann erfolgt der nächste Angriff in umgekehrter Reihenfolge, beginnend vom RA.

Übung 4

RL und RR mit Stoß und Durchbruchsversuch gegen 5 bzw. 2. Diese beiden Abwehrspieler verhindern den Durchbruch durch Abdrängen nach außen. 5, 3 und 2 wechseln in der angegebenen Reihenfolge die Abwehrpositionen.

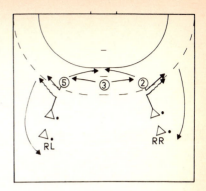

Übung 5

Paß von RM zu RL, RL mit Durchbruch gegen 5, anschließend wird RL Abwehrspieler, 6 rückt in die Position von 5, 5 wird RR, während RM zu RL wird.

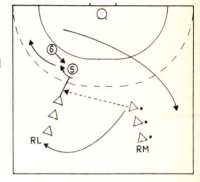

Übung 6

RM mit Paß zu RR, RR mit Durchbruch gegen Abwehrspieler 2, anschließend wird RR zu RM, RM wechselt in die RR-Position. Die Abwehrspieler 2 und 1 tauschen ständig ihre Positionen.

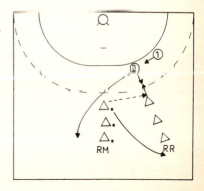

156 Abwehr von Durchbrüchen 1:1

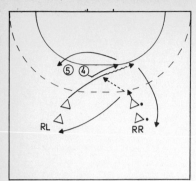

Übung 7
RR paßt zu einlaufendem RL, Abwehrspieler 4 drängt RL nach außen. RL wird zu RR, RR zu RL, 4 und 5 tauschen ihre Plätze ständig nacheinander in der Abwehr.

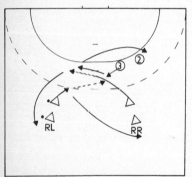

Übung 8
Der gleiche Ablauf wie bei Übung 7, diesmal beginnend beim RR.

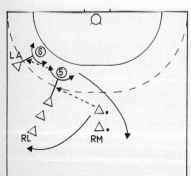

Übung 9
RM mit Paß auf RL, RL mit Durchbruch gegen 5, bei Verhinderung kommt der Paß zu LA, der nun einen Durchbruch gegen Abwehrspieler 6 versucht. Die beiden Abwehrspieler versuchen unbedingt, den Durchbruch und das Zuspiel zu verhindern.

Übung 10

RL und RR spielen abwechselnd KM an, Abwehrspieler 3 und 2 bekämpfen den Durchbruch von KM.

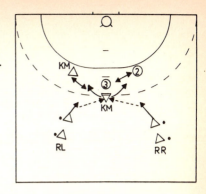

Übung 11

RR mit Paß zu RL, RL mit Durchbruch gegen 4, der den Torwurf und das Zuspiel gemeinsam mit Abwehrspieler 3 verhindert, anschließend wird der gleiche Ablauf in umgekehrter Reihenfolge ausgeführt.

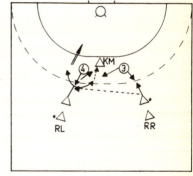

Übung 12

RL paßt auf RM, RM mit Durchbruch gegen Abwehrspieler 3, der versucht, ihn zu verhindern. RL mit Täuschung an 5 vorbei, evtl. Aufnahme des Passes von RM und Torwurf. Abwehrspieler 5 verhindert Einlaufen und Paßaufnahme.

Doppelblock

BEWEGUNGSANWEISUNG
(1) Die Abwehrspieler richten ihren Block auf den Ball und den Ballhalter und beobachten sorgfältig die Angriffshandlung.
(2) Der dem Ballhalter unmittelbar gegenüberstehende Abwehrspieler tritt offensiv und schnell gegen den Ballhalter heraus.
(3) Der auf der Wurfhandseite des Angreifers stehende Abwehrspieler tritt halboffensiv heraus (Abstand ca. 1–1,50 m).
(4) Sollte der Angreifer den Versuch unternehmen, auf der Wurfarmgegenseite zum Wurf zu kommen, gelten für den dort stehenden Abwehrspieler die gleichen Aufgaben.
(5) Der Abstand zwischen den beiden Abwehrspielern darf nur so groß sein, daß ein Durchbruch zwischen beiden verhindert wird.
(6) Arme und Hände der beiden Abwehrspieler bilden eine Fläche.
(7) Die Abwehrspieler stehen in Schrittstellung, dabei sind die Füße etwa schulterbreit diagonal versetzt.
(8) Beim Sprungblock – offensiv wird nach einer kurzen Stemmphase (vorderes Bein) mit einer leichten Kniebeuge gestreckt nach oben gesprungen.
(9) Beim Sprungblock – defensiv bewegen sich die Abwehrspieler mit einem kurzen Schritt zurück und springen dann gestreckt nach oben.
(10) Der Körper wird vollständig gestreckt, die Arme werden parallel zueinander nach oben geführt.
(11) Die Handflächen zeigen nach vorn und werden etwa eine halbe Ballbreite auseinander genommen.

FEHLER
o Die Blick geht weder zum Ball noch zum Ballhalter.
o Der Abstand zwischen den blockenden Spielern ist zu groß.
o Die Arme sind nicht gestreckt.
o Die Hände werden zu weit auseinander gehalten.
o Der blockende Spieler «kriecht» in sich zusammen (Angst).
o Der blockende Spieler dreht ab (Angst).
o Die Hände werden zu früh weggezogen.
o Die Doppelblockhaltung wird zu früh aufgelöst.
o Die Doppelblockhaltung wird zu spät aufgebaut.

Trainingsprogramm Doppelblock

Übung 1
Abwehrspieler 5 paßt zu RR, dieser stößt und versucht einen Torwurf. Abwehrspieler 2 und 5 verhindern den Torwurf mit einem Doppelblock.

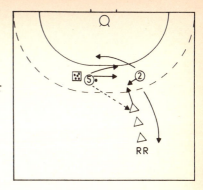

Übung 2
Abwehrspieler 3 paßt zu RL, RL mit Torwurf, den 3 und 5 mit Doppelblock abwehren. Verschiedene Wurfarten durch RL, Offensivblock und Defensivblock sind als Varianten möglich.

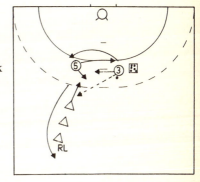

Übung 3
Abwehrspieler 6 paßt zu RL, RL mit Torwurf, den Abwehrspieler 4 und 5 mit Doppelblock abwehren. Gewechselt wird nach der vorgegebenen Pfeilrichtung.

160 Trainingsprogramm Doppelblock

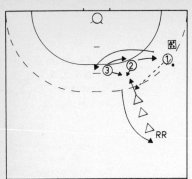

Übung 4
Abwehrspieler 1 paßt zu RR, RR mit Torwurf (verschiedene Torwurfvarianten), während 2 und 3 doppelt blocken.

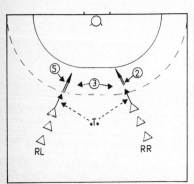

Übung 5
Trainer T paßt abwechselnd zu RL und RR, Abwehrspieler 3 und 5 blocken gegen RL, Abwehrspieler 2 und 3 blocken gegen RR. Die Abwehrspieler entscheiden, ob sie offensiv oder defensiv blocken.

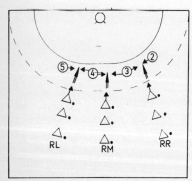

Übung 6
RL, RM, RR versuchen abwechselnd Torwürfe, die Abwehrspieler 2, 3, 4 und 5 bilden jeweils einen Doppelblock. Als Variante ist möglich, daß der Trainer durch Handzeichen die Reihenfolge der Torwürfe angibt.

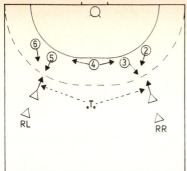
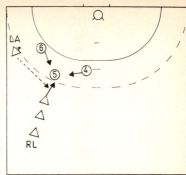

Übung 7

Der Trainer T spielt abwechselnd RL und RR an, die Abwehrspieler 5 und 6 sowie 2 und 3 bilden einen offensiven Doppelblock, während 4 den Durchbruchsraum sichert.

Übung 8

LA spielt RL an, Abwehrspieler 4 und 5 bilden einen Doppelblock, 6 sichert den Durchbruchsraum.

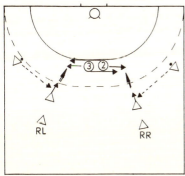
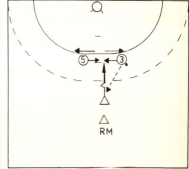

Übung 9

RR und RL versuchen, mit Würfen in verschiedenen Varianten Tore zu erzielen, Abwehrspieler 2 und 3 verschieben ständig gegen RR und RL mit defensivem Doppelblock.

Übung 10

Abwehrspieler 3 paßt zu RM, RM mit Wurfvarianten, Abwehrspieler 3 und 5 bilden einen defensiven Doppelblock.

Heraustreten und Sichern

Trainingsprogramm
Heraustreten und Sichern

Die Übungen zum Trainingsprogramm Heraustreten und Sichern sind vorwiegend als Komplexübungen zum Verbessern und Perfektionieren der Abwehrarbeit gedacht und sollten daher auch nach den Prinzipien komplexer Trainingsarbeit angewendet werden, d. h. intensiv, belastend, dynamisch und spielnah.

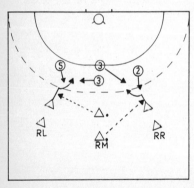

Übung 1
RM spielt abwechselnd Pässe zu RL und RR. Die Angreifer RL und RR versuchen auf ihrer Wurfhandseite Durchbrüche oder Distanzwürfe. Die Abwehrspieler 2, 3 und 5 versuchen mit Heraustreten und Sichern sowie Doppelblock geeignete Abwehrmaßnahmen zu ergreifen. Als Variante ist möglich, daß RL und RR Durchbrüche gegen ihre Wurfhand versuchen, die die Abwehrspieler 2 bzw. 5 verhindern.

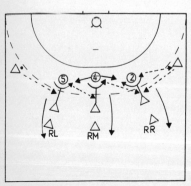

Übung 2
RL mit Stoß, Durchbruch über beide Seiten, Distanzwurf und Abspiel zu RM. Zunächst versuchen Abwehrspieler 4 und 5 die Angriffshandlungen von RL zu unterbinden, nach Abspiel an RM, die von RM und schließlich die von RR, nachdem Abwehrspieler 2 mit in die Abwehr einbezogen wird. Anschließend beginnt der Angriff bei RR, die Abwehrhandlungen laufen dann in umgekehrter Reihenfolge ab.

Heraustreten und Sichern 163

Übung 3
LA mit Paß auf RL, Abwehrspieler 4, 5 und 6 verhindern durch Heraustreten und Sichern den Angriff. Auf der rechten Angriffsseite wechseln RR und RA mit Angriffen, die Abwehrspieler 1 und 2 verhindern.

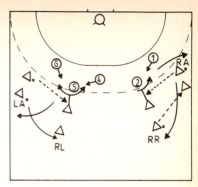

Übung 4
RR versucht nach Zuspiel einen Angriff gegen die Abwehrspieler 1, 2 und 3, die mit entsprechenden Abwehrmaßnahmen reagieren (Heraustreten und Sichern, Doppelblock). Anschließend wechseln RR und RA in der angegebenen Reihenfolge.
Auf der linken Angriffsseite versucht RL gegen die Wurfhand (Rechtshänder) nach Zuspiel von LA einen Wurf oder Durchbruch, den Abwehrspieler 5 und 6 verhindern. Danach erfolgt der Angriff von LA nach Zuspiel von RL und Abwehr von 5 und 6.

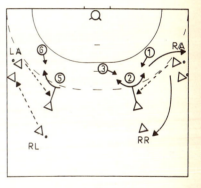

Übung 5
LA geht mit Stoß auf die Nahtstelle von 5 und 6, beide Abwehrspieler wehren durch Heraustreten und Sichern ab, auch dann, wenn RL nach Zuspiel von LA einen Angriff versucht. LA und RL wechseln in der angegebenen Folge.

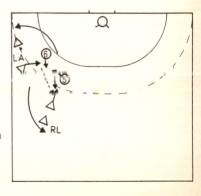

164 Heraustreten und Sichern

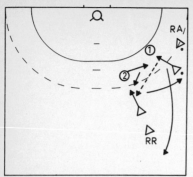

Übung 6
Der gleiche Angriffs- und Abwehraufbau wie in Übung 5, diesmal auf der rechten Angriffsseite. Als Variante ist möglich, daß Linkshänder RR einen Durchbruch oder Wurf auf der Wurfarmseite versucht. Abwehrspieler 2 versucht, Durchbruch oder Wurf sowie den Paß zu RA zu verhindern.

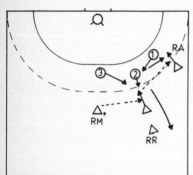

Übung 7
RM mit Paß zu RR, RR mit Angriff, Abwehrspieler 1, 2 und 3 verhindern den Angriff durch geeignete Abwehrmaßnahmen. Danach Abspiel zu RA, der durch 1 und 2 bekämpft wird.

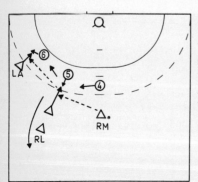

Übung 8
Der gleiche Ablauf wie bei Übung 7, diesmal auf der linken Angriffsseite. Paß von RM zu RL und weiter zu LA mit den entsprechenden Abwehrmaßnahmen durch 4, 5 und 6.

Heraustreten und Sichern 165

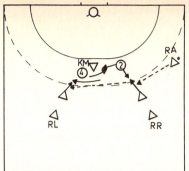
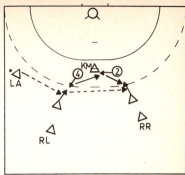

Übung 9
RA mit Paß zu RR, Abwehrspieler 2 und 4 treten heraus, sichern und verhindern gleichzeitig das Zuspiel an KM. Anschließend Paß von RR zu RL, 4 tritt heraus, 2 sichert gegen RL und verhindert das Zuspiel an KM.

Übung 10
Umgekehrte Reihenfolge wie bei Übung 9, beginnend bei LA und Abwehrspieler 4.

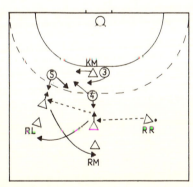
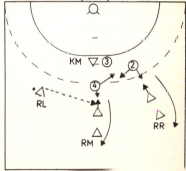

Übung 11
RR mit Paß zu RM, Spieler 4 tritt gegen RM heraus, Spieler 3 deckt KM eng (Verhinderung des Zuspiels an KM), sichert halboffensiv. Nach Abspiel an RL tritt 5 heraus, 4 sichert halboffensiv, 3 deckt KM eng.

Übung 12
Gleicher Übungsaufbau wie bei Übung 11, beginnend bei RL, gleiche Aufgaben für 2, 3 und 4.

Angriffskonzeptionen

Grundsätzliche Überlegungen zu Angriffskonzeptionen auf der Basis von Entscheidungen und zu den Möglichkeiten eines intensiven Trainings solcher Konzeptionen mit Hilfe von Komplexübungen sind umfassend im Band «Handball. Training, Technik, Taktik» dargestellt.
Offen bleiben die folgenden Fragen:
❏ Was ist eine geschlossene Konzeption?
❏ Was ist eine offene Konzeption?
❏ Gibt es Konzeptionen auch für Abwehrsysteme?
❏ Sind Konzeptionen auch für Anfänger-
und Jugendmannschaften geeignet?

Die geschlossene Konzeption

Von einer geschlossenen Konzeption spricht man, wenn die Gesamtangriffshandlung so aufgebaut ist, daß die verschiedenen Entscheidungsknotenpunkte nacheinander durchgespielt werden, bis die Auftaktsituation wiederhergestellt ist. Eine Unterbrechung ist nur durch den erfolgreichen Abschluß, z. B. durch das Erzielen eines Tores, möglich. Sonst aber laufen die Angriffshandlungen nacheinander ab, mit der Absicht, die Fehler, die die Abwehrspieler machen, zu nutzen. Damit zeigt sich, daß die geschlossene Konzeption an die Angriffsspieler und ihre Entscheidungsfähigkeit hohe Anforderungen stellt. Das wird um so problematischer, je mehr Entscheidungsknotenpunkte innerhalb einer Angriffskonzeption vorgesehen sind.
Grundvoraussetzungen zum Spiel einer Konzeption sind:
- ein hohes technisches Können aller Spieler,
- die hervorragende Wahrnehmungs- und Antizipationsfähigkeit der Angreifer,

- Kenntnisse über das Verhalten der Abwehrspieler bei Entscheidungsknotenpunkten durch intensives Training der Standardsituationen in spielnahen Formen,
- diszipliniertes Umsetzen vorgegebener Ball- und Laufwege.

Das Umsetzen einer geschlossenen Konzeption ist ein Ansatz für Spieler, die bereit sind, Intelligenz, Übersicht, Disziplin und Zusammenarbeit zu entwickeln.

Die offene Konzeption

Unter einer offenen Konzeption soll verstanden werden, daß nach dem Auftakt und dem Durchspielen einer oder mehrerer Grundsituationen der Übergang zu einem Positionsspiel stattfinden kann. So werden die Spieler nicht gezwungen, nach Abbrechen oder Erfolglosigkeit innerhalb einer Entscheidungssituation die restlichen Entscheidungsknotenpunkte zu Ende durchzuspielen. Das trifft sehr häufig infolge technischer Fehler (Paß- oder Annahmefehler) oder bei Unterbrechung durch die Abwehr (Foulspiel) auf. Hier liegt der Vorteil der offenen Konzeption. Positionsspiel und vorgegebene Grundsituation mit Paß- und Laufwegen können sinnvoll miteinander verbunden werden. Andererseits besteht die Möglichkeit, die Konzeption nach Bedarf weiter zu spielen. In der Praxis entsteht eine Art von Übergangsentwicklung. Der Positionsangriff beginnt mit einer 3:3- oder 2:4-Auftaktform mit vorgegebenen Grundsituationen. Er entwickelt sich nach den Entscheidungsgrundsätzen im ersten oder zweiten Knotenpunkt. Tritt dann eine Unterbrechung ein, bei der aber der Angriff im Ballbesitz bleibt, wird die jetzt entstandene Angriffssituation als Positionsangriff mit Hilfe der jeweilig nützlichen Angriffsmittel weitergespielt.

Konzeption für die Abwehr?

Abwehrkonzeptionen sind neu zu entwickeln, obwohl es schon einige Überlegungen und Aussagen zu diesem Bereich gibt. Das Grundproblem ist nicht nur die «zwingende» Handlung des Abwehrspielers, also nicht nur das Reagieren, sondern das Agieren in der Abwehr, es bleibt auch die Frage, wie innerhalb eines Abwehrsystems Grundsituationen nicht nur entwickelt, sondern auch praktisch umgesetzt werden können. Im Prinzip sind solche Konzeptionen wie Angriffskonzeptionen aufgebaut, allerdings mit dem Unterschied, daß die Abwehrspieler nicht als Ballhalter die Spielhandlungen bestimmen. Ihre Grundlage kann daher nur eine Beeinflussung des Angriffsspieles durch Spielentwicklungen ohne Ball sein. Folgende Voraussetzungen für Abwehrkonzeptionen sind festzuhalten:
1. Grundlage: Jeder Abwehrspieler beherrscht das antizipative Abwehrspiel (Achsenstellungen des Körpers, Blickrichtung, Handlungen beobachten, Kenntnis über biomechanische Vorgänge).

2. Grundlage: Jeder Abwehrspieler hat ein ausgeprägtes Wahrnehmungsvermögen und ein gutes peripheres Sehvermögen.
3. Grundlage: Bei bestimmten Paß- und Laufwegen der Angreifer kommt der Abwehrspieler aufgrund seiner Kenntnisse über dieses Verhalten zu einer Lösung, die einen erfolgreichen Abschluß des Angriffsspiels verhindert.
4. Grundlage: Jeder Abwehrspieler ist in der Lage, die individuelle Technik sowie gruppentechnisch-taktische Maßnahmen perfekt anzuwenden.

Konzeptionen für Jugendmannschaften
Um es gleich vorwegzunehmen, Konzeptionen sind auch für Jugendmannschaften hervorragend geeignet. Allerdings muß gleich eine Einschränkung gemacht werden: Jugendmannschaften, besonders in unteren und mittleren Leistungsbereichen, haben aufgrund mangelnder technischer Fähigkeiten Schwierigkeiten beim Umsetzen. Der ganz große Vorteil des Trainings der Konzeptionen liegt bei den Jugendlichen in der Entwicklung ihrer taktischen Fähigkeiten und ihres Verständnisses für taktische Fragen. Ganz ohne Zweifel müssen die Konzeptionen, die man anwendet, weitgehend dem technischen Stand der Jugendlichen angepaßt sein. Man überfordert Jugendliche aber nicht, wenn ihnen Kenntnisse über Zusammenhänge von Angriffs- und Abwehrspiel vermittelt werden. Die Durchsichtigkeit und Orientierung über die Taktik schaffen zusätzliche Motivation zum Spiel, und sie bieten hervorragende Entwicklungsmöglichkeiten für das Erwachsenenalter. Festzustellen sind die folgenden Grundforderungen:

❑ Auf jeden Fall Übergänge und Konzeptionen in das Training und Spiel der Jugendlichen einbauen.
❑ Das Training zu den Konzeptionen variabel und zeitlich dosiert anwenden.
❑ Je jünger die Jugendlichen sind, um so weniger Entscheidungsknotenpunkte in die Konzeption einbauen.
❑ Bei der Entwicklung der Konzeptionen auf den Stand der technischen Spielfertigkeiten Rücksicht nehmen.
❑ Im Spiel nicht auf jeden Fall auf die vollständige Durchführung einer Konzeption beharren, sondern sie sich langsam auch über offene Gestaltung entwickeln lassen.

Das folgende Konstruktionsschema einer Konzeption soll noch einmal verdeutlichen, wie eine Konzeption grundsätzlich aufgebaut wird. Die Grundkonstruktion kann beliebig verändert werden, so daß nach Leistungsstand und Leistungsvermögen mehr oder weniger Entscheidungsknotenpunkte eingebaut sind. Statt 5 oder 6 Grundsituationen können es auch 2 oder 3 sein. Das gleiche gilt für die Standardsituationen. Auch die Anzahl und Schwierigkeit von Komplexübungen bleibt jedem Trainer überlassen.

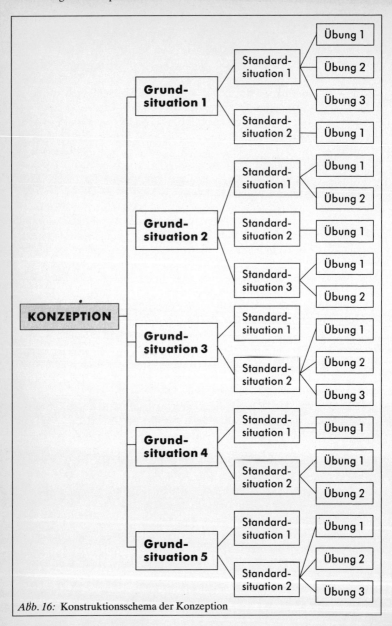

Abb. 16: Konstruktionsschema der Konzeption

Angriffskonzeption

Auftakt: Platzwechsel zwischen RL und LA

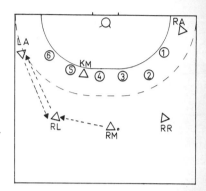

AUFTAKT: 3:3
RM spielt den Paß zu RL, dieser gibt ihn als Stationspaß (ohne Stoßbewegung) zu LA weiter. LA mit Rückpaß zu RL.

Grundsituation 1
RL führt eine Stoßbewegung gegen seinen Abwehrspieler 5 durch und läuft mit dem Ball in die LA-Position. KM nutzt die entstehende Lücke hinter Abwehrspieler 5 und setzt eine Sperre gegen Abwehrspieler 6. Währenddessen läuft LA im großen Bogen ein.
1. *Entscheidung:*
– RL mit Wurf gegen die Hand.
– RL mit Anspiel zu absetzendem KM.
– RL mit Anspiel zu einlaufendem LA.

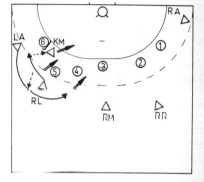

Grundsituation 2
LA in Ballbesitz.
2. *Entscheidung:*
– LA mit Torwurf aus der Distanz.
– LA mit Durchbruch gegen Abwehrspieler 4.
– LA mit Anspiel an KM.
– LA mit Anspiel an RM.

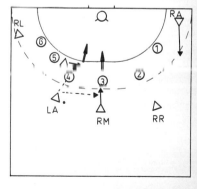

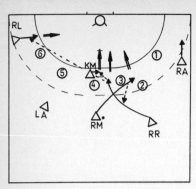

Grundsituation 3
RM in Ballbesitz.
3. *Entscheidung:*
- RM mit Distanzwurf gegen 3.
- RM kreuzt mit RR, Wurf direkt oder Anspiel an RR.

RR in Ballbesitz.
4. *Entscheidung:*
- RR mit Wurf.
- RR mit Anspiel an KM.
- RR mit Anspiel zu RL in LA-Position.

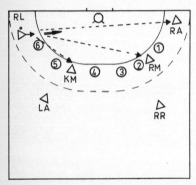

Grundsituation 4
RL in Ballbesitz. Jetzt entsteht eine 2:4-Angriffssituation.
5. *Entscheidung:*
- Wurf direkt.
- Anspiel an KM oder RM durch den Kreis.
- Anspiel zu RA.

In diesem Angriffssystem kann die Konzeption auch offen, also als Positionsangriff, weitergespielt werden.

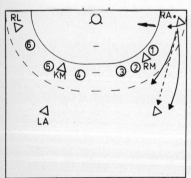

Grundsituation 5
RA in Ballbesitz.
6. *Entscheidung:*
- RA mit Torwurf.
- RA mit Paß an RR und einlaufend im kleinen oder großen Bogen.

An dieser Stelle soll die Entwicklung der Konzeption unterbrochen werden. In den am Schluß dieses Kapitels folgenden Arbeitsaufgaben werden Möglichkeiten zur Veränderung dieser Konzeption aufgezeigt.

Training der Angriffskonzeption Platzwechsel RL/LA

Übung 1
Grundsituation 1, Standardsituation 1

RL und LA mit Rückpaß. Anschließend kreuzen beide gegen Abwehrspieler 5. LA schließt mit Torwurf ab.

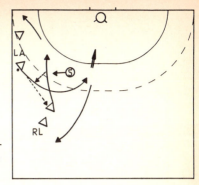

Übung 2
Grundsituation 1, Standardsituation 2

Gleicher Übungsaufbau wie in Übung 1, jetzt läuft KM gegen Abwehrspieler 6 eine Sperre, setzt sich ab, erhält den Paß vom einlaufenden LA und wirft.

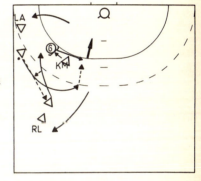

Übung 3
Grundsituation 2, Standardsituation 1

RM mit Paß zu LA, LA läuft ein, wird von Abwehrspieler 4 angenommen und spielt zum stoßenden RM. RM mit Torwurf.

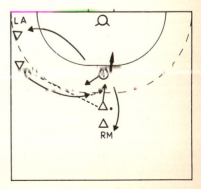

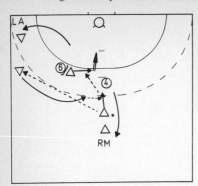

Übung 4
Grundsituation 2, Standardsituation 2
Gleiche Aufgabe wie bei Übung 3, jetzt spielt RM den sich aus der Sperre gegen 6 absetzenden Kreisspieler an. KM mit Torwurf.

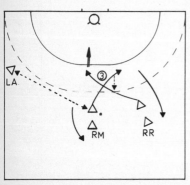

Übung 5:
Grundsituation 3, Standardsituation 1:
RM und LA mit Rückpaß, RM kreuzt daraufhin mit RR gegen Abwehrspieler 3. RR mit Torwurf.

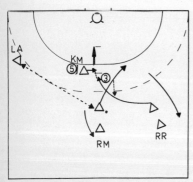

Übung 6:
Grundsituation 3, Standardsituation 2:
Gleicher Übungsaufbau wie in Übung 5, RR spielt den sich aus der Sperre gegen Abwehrspieler 5 absetzenden KM an. KM mit Torwurf.

Übung 7
Grundsituation 3, Standardsituation 3

RL mit Paß zu RM, RM und RR kreuzen gegen Abwehrspieler 3, RR paßt zu RL, RL mit Torwurf aus der LA-Position.

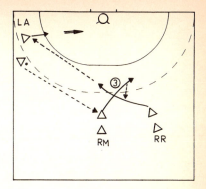

Übung 8:
Grundsituation 3, Standardsituation 4

RL in LA-Position mit Paß zu RM, RM kreuzt mit RR gegen Abwehrspieler 3, RR nach Ballbesitz mit Entscheidung:
- Paß zu RL, RL mit Torwurf.
- Paß zu KM, KM setzt sich aus der Sperrstellung gegen Abwehrspieler 5 ab. KM mit Torwurf.

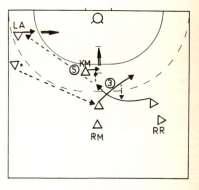

Übung 9:
Grundsituation 4, Standardsituation 1:

RM kreuzt mit RR, RR mit Paß zu RL in LA-Position. RL mit Entscheidung:
- Wurf direkt.
- Paß zu KM, KM mit Torwurf.
- Paß zu RA, RA mit Torwurf.

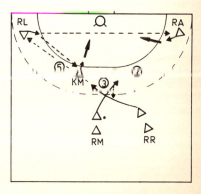

176 Angriffskonzeption Platzwechsel RL und LA

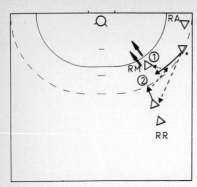

Übung 10:
Grundsituation 5, Standardsituation 1:

RA in Ballbesitz. Paß zu RR und Einlaufen im kleinen Bogen. RM stellt eine Sperre gegen Abwehrspieler 1. RR paßt zurück zu RA. RA mit Entscheidung:
- Anspiel zu RM, Absetzen aus der Sperre.
- Direkter Wurf.

ARBEITSAUFGABEN

(1) Suche in den verschiedenen Grundsituationen nach weiteren Veränderungen, indem die Grundsituation durch neue Paß- und Laufwege anders gestaltet wird.
(2) Entwickle die gleiche Konzeption gegen 3:2:1-Abwehr.
(3) Beschreibe das richtige Abwehrverhalten der Abwehrspieler in den verschiedenen Grundsituationen, so daß ein Erfolg des Angriffs verhindert wird.
Durch welche Abwehrhandlungen wird der Torerfolg verhindert in:
  (a) Grundsituation 1
  (b) Grundsituation 2
  (c) Grundsituation 3
  (d) Grundsituation 4
  (e) Grundsituation 5
(4) Entwickle zu den Grund- und Standardsituationen neue Komplexübungen, die sich im Schwierigkeitsgrad steigern, und füge sie zu kleinen Trainingsprogrammen zusammen.
(Komplexübungen zu GRS 1, GRS 2, GRS 3, GRS 4, GRS 5)
(5) Führe die Konzeption ab Grundsituation 5 mit neuen Grundsituationen weiter.
(6) Entwickle Angriffsmittel für einen Positionsangriff 2:4 nach Grundsituation 5.
(7) Entwickle eine Angriffskonzeption aus 2:4 nach 3:3.
(8) Entwickle eine Abwehrkonzeption aus 6:0.
(9) Entwickle eine Abwehrkonzeption aus 3:2:1.

Übergänge

In den letzten Jahren ist eine deutliche Veränderung im Angriffsverhalten der Mannschaften zu beobachten. Das bezieht sich nicht so sehr auf den individuellen oder technisch-taktischen Bereich der Zusammenarbeit in der Gruppe, als vielmehr auf taktische Veränderungen unter Einbeziehung der bekannten Angriffsmittel wie Parallelstoß, Kreuzen, Sperren oder Durchbruch 1:1.

Wenn es heißt, daß taktische Veränderungen zu beobachten sind, dann bezieht sich diese Aussage auf zwei grundlegende Entwicklungen:

(1) Die Ergänzung des reinen Positionsangriffes durch Übergänge, d. h. der Angriff wird zunehmend durch Laufelemente aufgelockert und

(2) damit verbunden sind die Forderungen an die Spieler, mehr Positionen spielen zu können und verstärkt eigenständige Entscheidungen zu treffen.

Besonders der letzte Punkt gewinnt immer mehr an Bedeutung. Der nur in einer Position wirksam einsetzbare Spieler ist zukünftig nicht mehr gefragt, ganz besonders auch darum, weil das Abwehrverhalten sich nicht nur individuell verbessert hat, auch die Qualität der Zusammenarbeit ist aufgrund physischer und taktischer Leistungen wesentlich intensiver geworden. So ist es unschwer sich vorzustellen, daß der reine «Eine-Position-Spieler» in seinem Aktionsradius ziemlich eingeschränkt ist. Damit verbunden ist die erhöhte Qualität der Spielentscheidungen. Wichtig ist die Frage, ob es im Training Möglichkeiten gibt, ein solches Verhalten zu schulen, um damit eine zusätzliche Verbesserung der Angriffsqualität zu erreichen. Es gibt die Möglichkeit, denn Entscheidungstraining bedeutet, daß bekannte Verhaltensmuster aus dem Spielgeschehen analysiert werden, in ihre Bestandteile zergliedert und so aufbereitet als Trainingsprogramme eingegeben werden (vgl. Trosse 1988).

178 Übergänge

Entscheidungsverhalten wird umgesetzt in Übergängen und Konzeptionen. Damit bietet sich folgender Weg an:
(1) Das Angriffsverhalten wird analysiert.
(2) Handlungsalternativen des Angriffs werden in Standardsituationen zerlegt.
(3) Standardsituationen werden einzeln trainiert. Dabei werden alle Verhaltensweisen der Abwehrspieler simuliert. Dem Angriffsspieler wird klargemacht, welche Möglichkeiten aus den Angriffsmitteln ihm unter den verschiedenen Abwehrhandlungen zur Verfügung stehen.
(4) So wird Schritt um Schritt Aktion und Reaktion verdeutlicht. Dabei entstehen in den Spielern eine Reihe von «Rezepten», die es ihm ermöglichen, richtig zu reagieren, weil er die Lösung aus dem Training kennt.
(5) Sieht der Angreifer, daß der Abwehrspieler eine Fehlreaktion auf eine bestimmte Angriffsentwicklung hin zeigt, dann weiß er – aus dem Training solcher Standardsituationen –, wie er richtig reagieren muß.

Ein solches Training sollte frühzeitig, d. h. schon in jugendlichem Alter aufgebaut werden. Dabei ist darauf zu achten, daß das Training nach dem Prinzip der Altersgemäßheit abläuft. Der Jugendliche muß ein Training absolvieren, das seinem Alter und damit seinen Möglichkeiten entspricht. Gut geeignet dafür sind Konzeptionen und Übergänge in einfachen Formen.

Zur Klärung des Begriffes Übergänge soll ein Beispiel beschrieben werden: Aus einem 3:3-Angriff wird mit einfachen Lauf- und Paßwegen ein 2:4-Angriff aufgebaut. Die Übergänge können dabei von verschiedenen Positionen aus erfolgen. Sie sind möglich durch das Einlaufen

o von den Außenpositionen (kleiner und großer Bogen),
o aus den Halbpositionen in eine Kreisposition oder
o von der Rückraum-Mitte-Position in eine Kreisposition rechts oder links.

Die beiden folgenden Übergänge sind sowohl als einfache Züge mit wenigen Entscheidungsmöglichkeiten zu spielen, aber auch als komplizierte Formen mit einer ganzen Anzahl von Entscheidungsknotenpunkten aufzubauen. Das hängt von den Voraussetzungen ab, die die Spieler technisch, taktisch und physisch mitbringen.

Übergang: RM mit Durchbruch in die KML-Position

Phase 1: Auftakt mit Paß von LA über RL zu RM.
Phase 2: Abschluß aus verschiedenen Entscheidungsknotenpunkten.

Phase 1

LA mit Paß zu RL, der spielt den Paß als Stationspaß zu RM weiter. RM stößt in die Nahtstelle zwischen Abwehrspieler 4 und 5 und paßt den Ball zum parallel stoßenden RL. Währenddessen läuft KM aus seiner Position zwischen Abwehrspielern 4 und 3 in eine Sperrstellung gegen 3. RL bindet Abwehrspieler 5, Abwehrspieler 4 rückt an RM, der jetzt in der KML-Position ist.

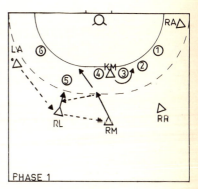

Phase 2

RL spielt den Ball zum stoßenden RR, der jetzt einige Entscheidungsmöglichkeiten hat:
- Wurf bei defensivem Abwehrspieler 2.
- Durchbruch zur und gegen die Wurfhand (offensiver Abwehrspieler 2).
- Anspiel an KM (Absetzen am Kreis, Absetzen nach Sperre gegen 2).
- Anspiel zu RA (wenn Abwehrspieler 1 hilft).

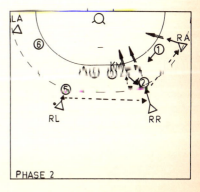

Trainingsprogramm Übergang RM in die KML-Position

Übung 1
LA mit Paß zu RL, RL weiter zu RM. RM stößt und spielt den Paß zum parallel stoßenden RL. RM läuft in die KML-Position. KM setzt sich gegen die Wurfhand ab. Aufgaben für RL:
- Wurf, Abwehrspieler 5 bleibt defensiv.
- Durchbruch zu beiden Seiten, Abwehrspieler 5 ist offensiv.
- Anspiel zu KM.
- Entscheidung nach Abwehrverhalten.

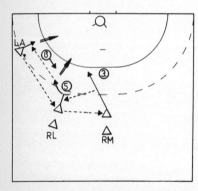

Übung 2
Paß von LA zu RL, RL weiter zu RM. RM mit Durchbruch zum Kreis und Rückpaß zu RL. RL mit Täuschbewegung gegen Abwehrspieler 5. Aufgaben für RL:
- Wurf nach Durchbruch gegen die Wurfhand.
- Paß zu LA, wenn Abwehrspieler 6 hilft.
- Entscheidung nach Abwehrverhalten.

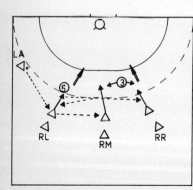

Übung 3
Paßfolge LA, RL, RM, RM zurück zu RL, Wurf oder Anspiel zu RR. Aufgaben für RL:
- Wurf bei defensivem 5.
- Wurf nach Durchbruch zur Wurfhand.
- Anspiel zu RR.
- Entscheidung für RL und RR nach Abwehrverhalten.

Übergang RM in die KML-Position 181

Übung 4
LA, RL, RR, der paßt zum KM.
KM mit Torwurf. Aufgabe für RR:
- Torwurf.
- Anspiel an KM.
- Entscheidung der beiden Möglichkeiten.

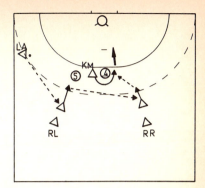

Übung 5
Paßfolge LA, RL, RM, RM Stoß und Paß zu RL. RL paßt zu RR.
Aufgaben für RR:
- Täuschbewegung und Durchbruch zur und gegen die Wurfhand, wenn Abwehrspieler 2 offensiv wird.
- Täuschbewegung und Anspiel an KM, der sich am Kreis von Abwehrspieler 3 absetzt.
- Täuschbewegung und Anspiel an KM, der sich aus Sperre gegen Abwehrspieler 2 absetzt.
- Entscheidung nach Abwehrverhalten.

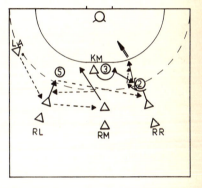

Übung 6
Paßfolge LA, RL, RR, KM mit Sperre und Absetzen gegen Abwehrspieler 2 und 3. Aufgabe für RR:
- Wurf bei defensivem Verhalten der Abwehrspieler.
- Anspiel an absetzenden KM.
- Paß zu RA
- Entscheidung nach Abwehr.

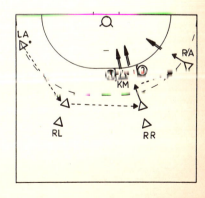

Übergang:
RM mit Durchbruch in die KMR-Position

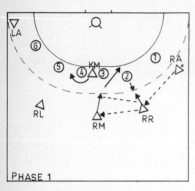

Phase 1:
- Paßfolge RA über RR zu RM.
- RM mit Stoß und Abspiel zu RR.
- RM mit Durchbruch in die KMR-Position.
- KM Platzwechsel aus der Position zwischen Abwehrspieler 3 und 4, in die Position zwischen 4 und 5.

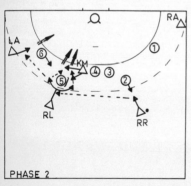

Phase 2:
- RR mit Paß zu RL.
- RL mit Entscheidungen für erfolgreichen Abschluß.

Trainingsprogramm RM mit Durchbruch in die KMR-Position

Übung 1
RA mit Paß zu RR, RR weiter zu RM. RM stößt, spielt den Paß zurück zu RR und läuft eine Sperre gegen Abwehrspieler 2. RR mit Distanzwurf.

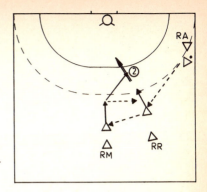

Übung 2
Paßfolge RA – RR – RM. RM mit Stoß und Abspiel zurück zu RR. RM läuft in die KMR-Position, während RR den heraustretenden Abwehrspieler 2 bindet. RR mit Paß zum stoßenden RL, der mit Torwurf abschließt.

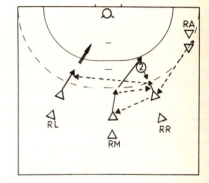

Übung 3
Gleiche Paßfolge wie in Übung 2. RR mit Durchbruch rechts oder links gegen Abwehrspieler 2. Bei Durchbruch links Abschluß mit Distanzwurf, bei Durchbruch rechts Anspiel zu RM, der mit Torwurf abschließt.

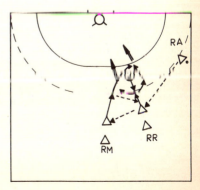

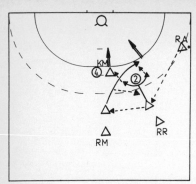
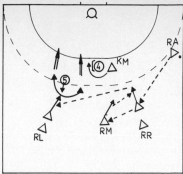

Übung 4
Paßfolge und Durchbruchsmöglichkeiten wie in Übung 3. RR spielt RM am Kreis an, der mit Torwurf abschließt oder den sich von Abwehrspieler 4 absetzenden KM, der einen Torwurf versucht.

Übung 5
Paßfolge von RA zu RR und weiter zu RM, RM mit Stoß und Paß zurück zu RR. RR mit Stoß und Abspiel zu RL. RL mit Durchbruch rechts oder links gegen Abwehrspieler 5. KM legt eine Sperre gegen Abwehrspieler 4. RL mit Torwurf.

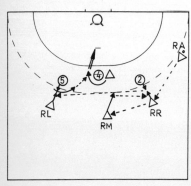
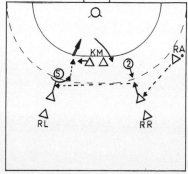

Übung 6
Paßfolge von RA über RR, RM, RR zu RL. RL mit Durchbruch rechts gegen Abwehrspieler 5 und Zuspiel an den sich gegen Abwehrspieler 4 absetzenden KM. KM mit Torwurf.

Übung 7
Paßfolge von RA über RR zu RL. RL mit Durchbruch rechts gegen Abwehrspieler 5 und Anspiel an KM, der mit Torwurf abschließt.

RM mit Durchbruch in die KMR-Position 185

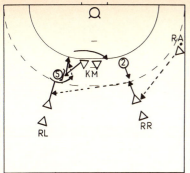

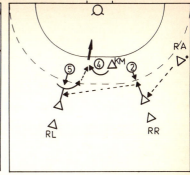

Übung 8
Gleicher Ablauf wie in Übung 7, KM mit Sperre und Sperreabsetzen gegen Abwehrspieler 5. RL spielt KM an, der mit Torwurf abschließt.

Übung 9
Paßfolge von RA über RR zu RL. RL mit Durchbruch rechts gegen Abwehrspieler 5. KM umläuft Abwehrspieler 4 nach links, erhält den Paß von RL und wirft.

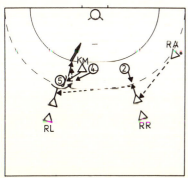

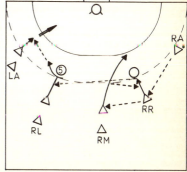

Übung 10
Gleiche Paßfolge und Durchbruch von RL wie in Übung 9. KM mit Sperre und Sperreabsetzen gegen Abwehrspieler 4 und 5.

Übung 11
Paßfolge von RA über RR zu RM und zurück zu RR, während RM an den Kreis läuft, RR weiter zu RL, RL mit Durchbruch links gegen Abwehrspieler 5 und Anspiel zu LA, der mit Torwurf abschließt.

186 RM mit Durchbruch in die KMR-Position

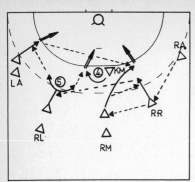

Übung 12
Paßfolge wie in Übung 11. RL nach Durchbruch links mit Abspiel an LA oder nach Durchbruch rechts mit Abspiel an KM, der Abwehrspieler 4 mit der Paßfolge umläuft.

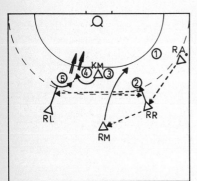

Übung 13
Paß- und Lauffolge wie in Übung 11. RL mit Durchbruch links und Anspiel an KM, der aus Position zwischen Abwehrspieler 3 und 4 nach links läuft, bzw. RL mit Distanzwurf.

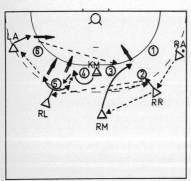

Übung 14
Paß- und Lauffolge wie in Übung 11. RL mit Entscheidung:
– Torwürfe nach Durchbruch rechts oder links,
– Zuspiel an LA nach Durchbruch links,
– Zuspiel an KM, der 4 umläuft,
– Zuspiel an KM nach Sperre und Absetzen gegen Abwehrspieler 5.
Danach weiter durch RM mit Torwurf nach Paß von LA.

Tests

Im Sport dient der Test vorwiegend zur Bestimmung sportmotorischer Eigenschaften. Dieses Thema ist nicht ohne Probleme, trotzdem ist das Testen eine wichtige Voraussetzung für die Trainingsplanung. Umstritten ist nicht der Test an sich, sondern vielmehr die Frage, welcher Test zu welchem Zweck eingesetzt werden kann, und vor allem, welche Methode dabei die erfolgversprechendste ist. Die Auseinandersetzung mit Problemen und Fragen der Tests ist für jeden Trainer wichtig, weil er durch Ausprobieren eine Entscheidung finden kann, welche Form der angewendeten Tests zur Unterstützung seiner Trainingsarbeit er einsetzt.

Zu den Problemstellungen gehört die Lösung folgender Fragen:
❏ Sind Tests überhaupt sinnvoll?
❏ In welchen Bereichen des Handballspiels lassen sich Tests verwenden?
❏ Ist der Test ein geeignetes Mittel zur Talentfindung?
❏ Ist der Test geeignet, Prognosen für eine Leistungsentwicklung zu stellen?

Allgemeine Vorschläge:
Der Trainer sucht sich die Tests in seiner Trainingsarbeit heraus, die der Leistungsfähigkeit seiner Spieler angemessen sind, die nur bestimmte Eigenschaften und Fertigkeiten seiner Spieler überprüfen sollen oder die der Messung und der Leistungssteigerung dienen.

Danach ordnet er die Tests in seine kurz-, mittel- und langfristige Planung ein und legt die zeitliche Wiederholung innerhalb eines Jahres und die Anwendung und Wiederholung über mehrere Jahre fest. (Solche Tests können von den Nachfolgern bei Bedarf übernommen werden.)

Anwendungsbereiche der Tests

Wenn die zu testenden Kriterien eindeutig festgelegt werden können, gibt es in der Anwendung von Tests keine Probleme. Das ist möglich:
- bei der Leistungsbestandsaufnahme konditioneller Eigenschaften,
- beim Erkennen der Ausprägung technisch-taktischer Fertigkeiten,
- als Mittel von Leistungssteigerungen,
- als Mittel der Talentsichtung.

Wenn die Kriterien nicht eindeutig bestimmt werden können und wenn zu viele verändernde und nicht steuerbare äußere Voraussetzungen die Testergebnisse beeinflussen, ist die Anwendung von Tests, in bezug auf gültige Ergebnisse und damit als Mittel einer sicheren Trainingsplanung, kritisch zu sehen. Dazu gehören beispielsweise: Prognosen der Leistungsentwicklung, die Beurteilung von kognitiven (die Erkenntnis betreffend) Fähigkeiten, besonders bei komplexen Spielhandlungen, oder die Anwendung von Taktiktests.

Allgemeine Kriterien eines Testverfahrens

Es wurde davon gesprochen, daß ein Test nur sinnvoll ist, wenn er überprüfbare Ergebnisse liefern kann. Überprüfbare Ergebnisse sind abhängig von eindeutig festgelegten Kriterien, nach denen getestet wird. Man unterscheidet Haupt- und Nebengütekriterien. Als Hauptgütekriterien werden die Objektivität (Genauigkeit), die Reliabilität (Zuverlässigkeit) und die Validität (Gültigkeit) angesehen. Objektivität (Genauigkeit der Kriterien) bedeutet, daß bei der Anwendung eines Tests die Beurteiler unabhängig voneinander zu gleichen Ergebnissen kommen.

Ein Test ist zuverlässig, d. h. reliabel, wenn die zu untersuchenden Merkmale stabil sind, d. h. der Test bei einer Wiederholung zum gleichen Ergebnis führt. Die Zuverlässigkeit bezieht sich auf ein bestimmtes Merkmal, das erfaßt werden soll.

Gültigkeit der Kriterien (Validität) bedeutet, daß bei der Test-Durchführung tatsächlich die Merkmale erfaßt werden, für deren Messung er herangezogen wurde.

Nebengütekriterien für Tests sind die Ökonomie und Normierung, die Vergleichbarkeit und die Nützlichkeit. Ein Test ist ökonomisch, wenn er in kurzer Zeit, mit wenigen Geräten und einfachem Aufbau durchführbar ist. Dabei sollten Aufwand und Erfolg in einem vernünftigen Verhältnis zueinander stehen. Normierung bedeutet, daß der Test zu bereits vorhandenen Systemen in Beziehung gesetzt werden kann.

Die Vergleichbarkeit bezieht sich auf Tests, die bereits unter gleichen Bedingungen durchgeführt wurden und eine Kontrolle der Ergebnisse ermöglichen.

Spezielle Kriterien der Testverfahren im Handball

Die speziellen Kriterien beziehen sich vor allem auf sportmotorische Eigenschaften, weil ihre Bestimmung mit Hilfe von Tests verhältnismäßig einfach durchführbar ist und brauchbare Ergebnisse liefert.

Strukturbereich 1
Konditionelle Elemente
- Ausdauer,
- Schnelligkeit,
- Schnelligkeitsausdauer,
- Kraft,
- Sprungkraft,
- Wurfkraft.

Strukturbereich 2
Technisch-taktische Elemente
- Ballannahme,
- Ballführung,
- Passen des Balles,
- Werfen des Balles (Torwürfe),
- Täuschungsbewegungen mit Ball,
- Blocken des Balles,
- Herausspielen des Balles.

Strukturbereich 3
Taktische Elemente
- individuelle und kollektive Angriffs- und Abwehrtaktik,
- Kenntnis der taktischen Möglichkeiten,
- Erfassen der Spielsituationen (Wahrnehmung, Antizipation, Reaktion),
- Raum- und Zeitgefühl,
- Anpassungs- und Entscheidungsverhalten (Lösen der taktischen Aufgaben).

Spezielle Kriterien der Testverfahren 191

Testanwen- dungsbereich	Struktur- bereich	Struktur- elemente	Testkriterien
– Leistungs- bestands- aufnahme, – Beurteilung des Leistungs- vermögens, – Prognose zur Leistungs- entwicklung, – Talentsichtung, – Mittel zur Leistungs- steigerung.	– Erfassung motorischer Grundeigen- schaften. – Erfassung phy- sischer Grund- eigenschaften des Spiels. – Erfassung sport- spezifischer Fertigkeiten und Fähigkeiten der Technik und Taktik.	*Konditioneller Bereich:* – Ausdauer – Schnelligkeit – Schnelligkeits- ausdauer – Kraft – Sprungkraft – Wurfkraft *Technischer Bereich:* – Ballannahme – Ballführung – Zuspiel – Werfen des Balles – Täuschungs- bewegungen – Blocken – Herausspielen *Taktischer Bereich:* – Kenntnis takti- scher Mög- lichkeiten – Erfassen von Spielsituationen – Raumgefühl – Zeitgefühl – Anpassungs- vermögen (Lösung takt. Aufgaben)	*Hauptgüte- kriterien:* – Objektivität – Reliabilität – Validität *Nebengüte- kriterien:* – Ökonomie – Normierung – Vergleichbar- keit – Nützlichkeit

Abb. 17: Strukturschema zu sportmotorischen Tests

Testprogramm I
Testübungen zur Bestimmung konditioneller Voraussetzungen

Sprungkrafttest
Der Spieler springt 40mal hintereinander (je Kastenberührung 20mal) von einem 80 cm hohen Kasten und von dort direkt auf einen bis zu 80 cm hohen Kasten und zurück. Die Höhe der Kästen und die Wiederholungszahl können je nach Leistungsstand der Spieler verändert werden.

Wichtig ist, daß der Spieler mit einer sogenannten Vorspannung im Oberschenkel (Winkel zwischen Ober- und Unterschenkel ca. 110°) springt und nicht mit einer tiefen Hocke.

Jump und reach
Der Spieler steht vor der Wand und streckt beide Arme nach oben (Stelle an der Wand markieren). Dann seitliche Stellung zur Wand (etwa 30 cm entfernt) einnehmen. Füße sind geschlossen. Beidbeiniges Abspringen nach einer tiefen Ausholbewegung. Mit einer Hand möglichst weit oben anschlagen (diese Stelle wird ebenfalls markiert). Die Differenz der beiden Markierungsstellen ergibt die Sprunghöhe. Jeder hat drei Versuche. Der beste wird gewertet. Ziel ist es, die absolute Sprunghöhe zu testen!

Klimmzüge
Dieser Test dient zum Messen der Armkraft. Der Spieler hängt völlig gestreckt am Hochreck. Dann wird der Körper so weit hochgezogen, daß das Kinn die Reckstange berührt. Vorgegeben sind 30 Sekunden. Gemessen wird die Zahl der Wiederholungen in dieser Zeit.

Japantest
Der Spieler bewegt sich auf ein Signal hin so schnell wie möglich nach rechts und links auf einer Strecke von 4,5 m (bei Frauen 3 m). Jeweils am Ende der Strecke tippt er die Markierungsstellen mit einer Hand an. Gemessen wird die Zeit vom Startsignal bis zur 10. Bodenberührung. Ziel ist es, die Reaktionsschnelligkeit und Sprintschnelligkeit zu testen.

Kombinierter Sprint- und Abwehrschritttest
Der Spieler startet aus dem Stand (Hochstart). Er sprintet von der Torauslinie bis zur 6-m-Torraumlinie, dann im Sidestep (Nachstellschritte seitwärts, sogenannter Abwehrschritt) zurück, anschließend Sprint zur 9-m-Linie und im Sidestep zurück, dann zur Mittellinie und zurück und schließlich zur anderen Torauslinie und zurück. Als Varianten sind das Dribbling mit dem Ball oder andere Teilstrecken möglich. Gemessen wird die Zeit, die der Spieler zur Durchführung dieses Tests braucht.

Gegenstoßtest

LA dribbelt mit dem Ball zum gegnerischen Tor. Abwehrspieler 6 verfolgt ihn, um den Torwurf zu verhindern.

Jeder Spieler führt je nach Leistungsstand der Mannschaft 5 bis 10 Versuche durch. Gemessen wird die Zeit aller Versuche, einschließlich der Torerfolge (Fehlversuch 2 Sekunden Abzug). Ziel ist der Test der Schnelligkeitsausdauer.

Testprogramm II
Testübungen zu einfachen Techniken

Werfen gegen die Wand

Aus einer Entfernung von 4 m wird der Ball innerhalb von 30 Sekunden gegen die Wand geworfen. Gemessen wird die Zahl der Würfe innerhalb dieser Zeit. Ziel ist es, das Fangen und Werfen bei großer Schnelligkeit zu testen.

Passen und Annehmen im Stand

Zwei Spieler stehen sich 10 m entfernt gegenüber und spielen sich den Ball zu. Gemessen werden die Zuspiele innerhalb von 30 Sekunden. Ziel ist es, schnelles Annehmen und Zuspielen unter einfachen Bedingungen zu testen.

Prellen um ein markiertes Feld

Der Spieler prellt um ein Feld (Quadrat mit 10 m Seitenlängen). Gemessen wird die Zeit von vorher festgelegten Durchgängen. Ziel ist es, die Schnelligkeit mit dem Ball mit Richtungswechsel zu testen.

Sprungwurftest

Von einem Mal aus läuft der Spieler zur Mittellinie, nimmt einen Ball auf, dribbelt aufs Tor und wirft aus 10 m Entfernung mit einem Sprungwurf aufs Tor. Anzahl der Wiederholungen zwischen 5 und 20. Gemessen wird die Zeit und die Anzahl der Tore (Fehlversuche kosten 2 Sekunden Abzug). Ziel ist es, die Sprungwurffertigkeit und die Wurfgenauigkeit unter Belastung zu testen.

Testprogramm III
Tests zur Talentsichtung und Talentförderung

1. Test: Schnelligkeit
Ziel: Sprintschnelligkeit
Start aus dem Stand, Sprint über 30 m.
Mindestleistung: 4.7 Sekunden.

2. Test: Schnelligkeit
Ziel: Start- und Sprintschnelligkeit
Tiefstart, 100-m-Lauf.
Mindestleistung: 13.5 Sekunden.

3. Test: Cooper-Test
Ziel: Ausdauer, Schnelligkeitsausdauer
Die Aufgabe besteht darin, daß innerhalb von 12 Minuten auf einer 400-m-Rundbahn eine möglichst lange Strecke zurückgelegt wird. Pausen und Gehen sind erlaubt.
Mindestleistung: 2600 m.

4. Test: Sprungkraft
Ziel: Sprungkraft testen
Absprung aus dem Stand, zunächst mit dem rechten Bein, dann mit dem linken Bein, jeweils drei Sprünge. Alle Teilabschnitte werden zusammengerechnet.
Mindestleistung: 13,25 m.

5. Test: Sprungkraft
Ziel: Sprunghöhe testen
Der Spieler mißt zuerst seine Reichhöhe bei normaler Fußstellung und gestrecktem Arm. An der Wand befindet sich eine Skala mit Höhenangaben. Dann springt der Spieler aus dem Stand in seitlicher Stellung zur Wand hoch und schlägt an der Skala an. Jeder hat drei Versuche, der beste wird gewertet. Aus der Differenz der Reich- und Sprunghöhe ergibt sich die absolute Sprunghöhe.
Mindestleistung: 0,45 cm.

6. Test: Wurfgenauigkeit
Ziel: Wurfkoordination
9 m von einer Wand wird eine Markierungslinie gezogen. Von dieser Linie wirft der Spieler auf zwei Kreise, die in einer Höhe von 1,70 m ihren Mittelpunkt haben. Um den Mittelpunkt werden verschiedene Kreise gezogen, zunächst ein Kreis mit einem Radius von 0,30 m, dann einer mit einem Radius von 0,50 m. Jeder Spieler hat zehn Versuche. Für jeden Treffer im 30-cm-Kreis gibt es 2 Punkte, für den 50-cm-Kreis 1 Punkt.
Mindestleistung: 10 Punkte.

7. Test: Sprintschnelligkeit mit dem Ball
Ziel: Schnelligkeitsausdauer, Koordination
Die Teilstrecken Torauslinie 6 m und zurück, 9 m und zurück, Mittellinie und zurück werden mit Dribbling und anschließendem Torwurf auf das gegenüberstehende Tor abgeschlossen. Die Zeit wird nach Torwurf gemessen.
Mindestleistung: 25 Sekunden.

8. Test: Würfe gegen die Wand

Ziel: Kraftausdauer, Wurfkraft
Im Abstand von 5 m zur Hallenwand ist eine Markierungslinie. Der Spieler wirft 20mal gegen die Wand. Die Zeit wird beim Fangen des 20. Balles gemessen.
Mindestleistung: 30 Sekunden.

9. Test: Slalom-Dribbling

Ziel: Schnelligkeit und Koordination
Als Hindernisse können Malstangen (Höhe 1,20 m) benutzt werden. Mit ihnen wird ein Quadrat mit Seitenlängen von 5 m gebildet. Das 5. Hindernis steht im Schnittpunkt der Diagonalen. Der Weg des Dribblings führt vom Startpunkt um den Mittelpunkt in einer Achterschleife zum nächsten Eckpunkt und dann in dieser Folge weiter. Der Ball soll spielgerecht zwischen Eckpunkt und Mittelpunkt von der einen in die andere Hand gewechselt werden. Die Bahn wird zweimal hintereinander durchdribbelt.
Mindestleistung: 35 Sekunden.

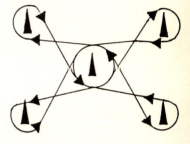

Spielbeobachtung

Von allen möglichen Arten der Spielbeobachtung sind zwei empfehlenswert, der Videoeinsatz und der Beobachtungsbogen. Das Problem der Beobachtung mit Video liegt zum einen in der Beschaffung der Anlage, zum anderen in der Auswertung der Ergebnisse. Sie kostet sehr viel Zeit, weil die Passagen, die für das Training und den Wettkampf die notwendigen Aufschlüsse ergeben, sehr sorgfältig aufgearbeitet werden müssen.
Bei der Anwendung eines Spielbeobachtungsbogens sind die Probleme noch vielschichtiger. Es gibt keinen standardisierten Bogen, der entsprechende Vergleiche zuläßt. So hat jeder Trainer eine eigene Vorlage, mit mehr oder minder vielen Kriterien, die er bewältigen kann. Darüber hinaus ergeben sich sowohl aus dem Umgang mit dem Bogen während des Spiels als auch im Hinblick auf die Auswertung eine Reihe von Fragen:
❑ Wer soll beobachten?
❑ Was soll beobachtet werden?
❑ Wieviel Erfahrung sollte der Beobachter einbringen,
um konstruktiv arbeiten zu können?
❑ Welche Ergebnisse sind wichtig?
❑ Was sollen die Ergebnisse im Hinblick auf
die Trainingsplanung und den Wettkampf aussagen?
❑ Sind die gewünschten Ergebnisse aus dem Bogen herauslesbar?
Trotz dieser schwierigen Probleme ist der Beobachtungsbogen nicht nur verhältnismäßig leicht zu erstellen, auch die Arbeit mit dem Bogen ist – bei entsprechendem Aufbau und der Verwendung der gewünschten Kriterien – relativ leicht. Außerdem verursacht er die geringsten Kosten und ist in jedem Leistungsbereich einsetzbar. Von grundlegender Bedeutung bleibt nur die Klärung, wie und in welchem Umfang die Ergebnisse für die Qualitätsverbesserung des Spiels verwertbar sind.

Der Spielbeobachtungsbogen

Beobachtungsbogen
Der hier dargestellte Beobachtungsbogen, auch als Spielprotokoll bezeichnet, enthält vier Bereiche:

1. Spielverlauf mit folgenden Abkürzungen:
- **AP** = Abwurfpositionen vor dem Tor,
- **TP** = Torwurfpositionen,
- **Tore** = Torfolge,
- **Spieler** = Name oder Nummer des Torschützen,
- **Z** = Zeitpunkt des erzielten Tores.

2. Abwehrfehler
Hier werden die Abwehrfehler der zu beobachtenden Mannschaft mit Name oder Nummer, Position und Art des Fehlers eingetragen.
- **Spieler / Art** = Abwehrfehler, der zum Tor geführt hat.

3. Angriff
In diesem Bereich werden alle die Fehler eingetragen, die zu Ballverlusten der beobachteten Spieler geführt haben. Das sind zum Beispiel Fehlversuche, technische Fehler, Regelwidrigkeiten, aber auch Aktionen, die zu Ballgewinnen geführt haben, zum Beispiel positive Abwehrreaktionen, 7-m-Gewinn, erfolgreiche Zuspiele.

4. Angaben zum Spiel
Hier werden folgende Angaben festgehalten: Spielpaarungen, Zeit und Ort, Art des Spieles, wie Freundschaftsspiel, Punktspiel, Trainingsspiel, Pokalspiel.

Für alle genannten Bereiche sind über die bereits angegebenen Zeichen und Abkürzungen weitere spezielle erforderlich. Solche Abkürzungen mit ihren Bedeutungen sind:

Für das Angriffsverhalten
- **AP** – die Wurfposition des Spielers. Angeben mit Zahlen (s. Vorlage).
- Wurfarten – **Spw** (Sprungwürfe), **F** (Fallwürfe), **K** (Knickwurf), **SW** (Seitfallwurf), **R** (Rückhandwurf).
- **TP** – die Zielposition im Tor, ebenfalls nach Zahlen.
- **+** – erfolgreiche Zuspiele.
- **7+** – erkämpfte 7-m-Würfe.

Spielbeobachtung 199

SPIELPROTOKOLL NR: **SPIEL:** _____

vom: _____ in: _____ Art: _____

POSI-TIONEN		**STATISTIK**			**ABWEHR-FEHLER**	**ANGRIFF**					
AP	TP	Tore	Spieler	Z	Spieler/Art	Spieler	\multicolumn{6}{c}{Versuche}

AP	TP	Tore	Spieler	Z	Spieler/Art	Spieler	Versuche					

Technische Fehler
- **Zf** – Zuspielfehler,
- **Ff** – Fangfehler,
- **Ü** – am Kreis übergetreten,
- **S** – Schrittfehler
- **Spf** – Sperrfehler,
- **Stf** – Stürmerfoul.
- **TF** – Grundbezeichnung für technischen Fehler.

Ballgewinne
- **Bg** – Ballgewinn allgemein,
- **BgD** – Ballgewinn durch Abprallen von der Deckung,
- **BgTW** – Ballgewinn durch Abprallen vom TW,
- **BL** – Ballgewinn durch Blocken.

Abwehrverhalten
- **R** – Fehler beim Raustreten,
- **BL** – Fehler beim Blocken,
- **Ü-Ü** – Fehler beim Übergeben–Übernehmen,
- **Zk** – verlorene Zweikämpfe,
- **7–** – verursachter 7-m-Wurf.

Diese rund 20 Kategorien bilden den Hauptrahmen für die Beobachtung. Es erfordert sehr viel Erfahrung, mit diesen Kategorien umgehen zu können, vor allem aber sie auch während des Spiels festhalten zu können. Durch intensive Schulung und ständiges Anwenden der Technik des Beobachtens ist das Problem zu lösen.

Beobachtungsvorlage
Vor den Torlinien wird das Feld in drei Zonen aufgeteilt, die Fernwurfzone (FZ), die mittlere Fernwurfzone (MZ) und die Nahwurfzone (NZ). Alle drei Zonen sind durch Abschnitte, die mit Zahlen gekennzeichnet sind, unterteilt.

- Die Fernwurfzone (FZ), der Bereich vor der 9-m-Linie, erhält die Zahlen 15 bis 19 (gesehen von der linken zur rechten Angriffsseite).
- Die mittlere Fernwurfzone (MZ), der Raum zwischen 9-m- und 6-m-Linie, hat die Zahlen 14 bis 8, ebenfalls von links nach rechts gesehen.
- Die Nahwurfzone (NZ), der unmittelbare Angriffsraum an der Torlinie (Kreis), wird mit den Zahlen von 1 bis 7 gekennzeichnet.

In ähnlicher Weise wird der Innenraum des Tors aufgeteilt.

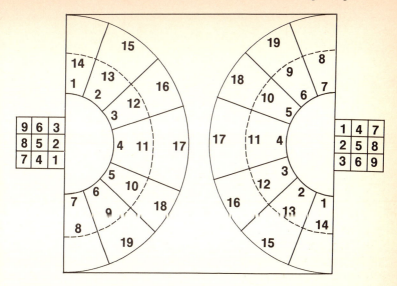

- Der untere Bereich (flache Bälle) erhält die Zahlen 1 bis 3, vom Angreifer aus gesehen von links nach rechts,
- der mittlere Bereich (halbhohe Bälle) 4 bis 6,
- der obere Bereich (hohe Bälle) 7 bis 9.

1. Eintragungsbeispiel

Der Rückraumspieler rechts (RR) hat als Linkshänder aus seiner Position mit einem Durchbruch gegen die Wurfhand ein Tor mit einem Aufsetzer halbhoch in die lange Ecke erzielt. Wenn diese Aussage, wie hier beschrieben, vollständig protokolliert werden soll, dann kann man sich leicht ausrechnen, wieviel Folgehandlungen man in dieser Zeit übersieht. Spielhandlungen, die wichtig sind, können dabei verlorengehen, weil durch das Schreiben zuviel Zeit verlorengeht.

Ein Blick auf die Vorlage löst das Problem schnell und einfach.
Dann heißt es im Protokoll:
- AP: 16/13/2
- TP: A4
- Spieler: RR

Ergänzt werden die Angaben für die Zeit, in der das Tor erzielt wurde, der Torstand und die Art des Abwehrfehlers, einschließlich des Spielers oder der Spieler, die ihn verursacht haben. Hier heißt es Spieler X und Zk (verlorener Zweikampf Position 2).

2. Eintragungsbeispiel

Der Spieler auf der Position Rückraum Mitte versucht einen Distanzwurf aus der mittleren Fernwurfzone in die Torposition oben rechts. Der Torwart wehrt diesen Ball ab. Im Protokoll heißt es unter der Rubrik Spieler/ Versuche dann $17/11_{9T}$ (hochgeschriebene Zahlen für die Torwurfposition bedeuten einen Torerfolg, dann müßte es hier heißen: $17/11^9$). In anderen Fällen, wie hier bei $17/11_{9T}$, heißt es Fehlversuch durch gehaltenen Ball. Fehlversuche können nach der Art der Fehler auch anders geschrieben werden:

$17/11_{9v}$: bedeutet hoch rechts vorbeigeworfen,
$17/11_{9d}$: bedeutet über das Tor rechts oben geworfen,
$17/11_{9AT}$: bedeutet Aufsetzer durch TW gehalten.

Auswertung

Zu den Beobachtungsbögen kann man sich Auswertungsbögen entwickeln, die die Analyse der Ergebnisse erleichtern.
Wie man mit Auswertungsbögen umgehen kann, sollen zwei Beispiele zeigen. Der Aufbau der Bögen zum Angriffs- und zum Abwehrverhalten ist dem der Beobachtungsbögen angepaßt.

Auswertungsbogen zum Angriffsverhalten
Der Bogen enthält die bereits bekannten Abkürzungen und ist in sieben Bereiche aufgeteilt:
- Spieler und Versuche.
- Positive Spielhandlungen wie AS (Zuspiele), BG (Ballgewinn), BL (Block) 7-m+ (herausgeholt).
- Technische Fehler: Zf, Ff, S, ü, Stf.
- Art der Torversuche, einschließlich der Fehlversuche wie M-N (Durchbruch oder 1:1-Angriff), MZ (mittlere Fernwurfzone), FZ (Fernwurfzone), FRW (Freiwurf), TGS (Gegenstoß), ETGS (erweiterter Gegenstoß), 7 m.
- Zusammenfassung wie V (Gesamtversuche des Spielers), erzielte Tore, technische Fehler, % für Tore, % für technische Fehler, errechnet aus Versuchen und Toren.

Die Punkttabelle ist nach folgendem Schema aufgebaut:
- Torerfolg: +2 Punkte,
- Fehlversuch: -1 Punkt,
- 7 m herausgeholt: +2 Punkte,
- erfolgreiches Zuspiel in Torwurfposition: +1 Punkt,
- BL und BG: +1 Punkt,
- alle technischen Fehler: -1 Punkt.

Die Punkteverteilung kann umstritten sein. Sie hat den Zweck, die Motivation zu fördern, indem sie die positiven Leistungen besonders hervorhebt. Spieler, die unauffällig, aber erfolgreich spielen, ohne daß ihre Leistung durch Tore hervorgehoben wird, haben so die Chance, besser beurteilt zu werden.

Auswertungsbogen zum Abwehrverhalten
Dieser Bogen enthält vier Abschnitte:
- Statistische Angaben zu den Gegentoren mit: Toren, Zeit, Wurfposition, Torposition und Werfer.

204 Spielbeobachtung

- Die Spalte mit den torverursachenden Abwehrspielern und der Art des Abwehrfehlers wie Zk (Zweikampf, 1:1, R (Raus), BL (Block), Ü-Ü (Übergeben–Übernehmen), 7 m, BV (Ballverlust), TF (technischer Fehler), FV (Fehlversuch).
- Zusammenfassende Angaben zum Abwehrverhalten aller Spieler für beide Halbzeiten.
- Unten erfolgt die Zusammenfassung für die Fehler der Mannschaft. Auch hier können Punkte verteilt werden. Für jede Fehlhandlung gibt es einen Minuspunkt. Bezogen auf die gesamte Spielzeit errechnet sich daraus ein Wert, der um so besser ist, je näher er an Null herankommt. Ideal ist somit der Wert Null, weil er bedeutet, daß der Spieler keine Fehler gemacht hat.

Trainingsplanung

Die Trainingsplanung ist nicht unproblematisch, denn selbst bei sorgfältigen Analysen kommt es immer wieder vor, daß die Trainingsziele verändert werden müssen. Das liegt daran, daß bestimmte nicht vorhersehbare Ereignisse, z. B. Verletzungen von Spielern oder Probleme, die sich aus Schule, Beruf oder Familie ergeben, die Form der Spieler beeinträchtigt. Daneben können natürlich Trainingsziele durch unrealistische Forderungen bestimmt werden, besonders in den Fällen, wo überehrgeizige Funktionäre zuviel Einfluß auf Training und Wettkampf nehmen. Nicht ausgeschlossen sind Irrtümer des Trainers, der sich vom Wunsch und nicht von der Realität leiten läßt. Problematisch ist auch die Methode von Trainern, aus Motivationsgründen das Leistungsziel künstlich aufzubauschen in der Hoffnung, die Motivation der Spieler und der Mannschaft auf besondere Weise anzustacheln. Der Schuß kann in diesem Falle auch nach hinten losgehen, nämlich dann, wenn die Spieler erkennen, daß zwischen ihrer Hoffnung und den erreichten Möglichkeiten «Welten» liegen. Es kommt mit Sicherheit zur Resignation und damit zu massiven Konflikten. Die Persönlichkeit des Trainers gerät ins Zwielicht. Es ist besser, daß der Trainer sich von einer solchen Handlungsweise freimacht, denn die meisten Spieler sind so mündig, daß sie durchaus in der Lage sind, ihre persönlichen Möglichkeiten und die ihrer eigenen Mannschaft richtig einzuschätzen. Der bessere Weg scheint es zu sein, sich mit allen Beteiligten, dazu gehören auch die fachkundigen Funktionäre, an einen Tisch zu setzen, die Leistungsziele zu diskutieren, sie festzuschreiben und vor allem ein konsequentes Festhalten an den notwendigen Aufgaben zu fordern. Das schränkt keineswegs die Autorität des Trainers ein, im Gegenteil, durch die Einbeziehung all derer, die die Entwicklung mittragen müssen, überträgt er Teile der Verantwortung, die den Abbau von Konflikten begünstigen.

Daneben profitieren alle von der Kreativität, die durch das Mittragen an der Verantwortung bei allen Spielern entstehen kann. Das heißt keineswegs, daß der verantwortliche Trainer das Heft aus der Hand geben soll. Er bleibt der Kristallisationspunkt, er ordnet, dirigiert und überwacht die Maßnahmen, die gemeinsam beschlossen und von allen akzeptiert werden. Er bleibt natürlich auch grundsätzlich für den Gesamterfolg verantwortlich.

Seine Aufgabe ist die inhaltliche Feinplanung, denn er ist der Fachmann, der den größten Überblick über die Informationen besitzt, die notwendig sind, das Training und damit auch den Erfolg zu gestalten.

Probleme einer wissenschaftlichen Planung

Mit ein paar Schlagwörtern wie Vorbereitungs-, Wettkampf- oder Übergangsperiode, Trainingsplan und Trainingseinheit läßt sich natürlich nur sehr schwer planen. Es ist notwendig, diese Begriffe nicht nur zu kennen, sondern vor allem ihre inhaltliche Bedeutung zu erfassen und sie mit den jeweiligen Voraussetzungen, die sich jedem Trainer anders stellen, zu verknüpfen.

Die Päpste der Trainingsplanung, besonders Matwejew und Harre, eingeschlossen einige bundesdeutsche Interpreten wie Martin, Weineck und Letzelter, übertragen zwar zum Teil die trainingswissenschaftlichen Erkenntnisse auf unsere Verhältnisse, erschöpfen sich aber häufig in Hinweisen zu den Individualsportarten. Das Sportspiel ist dabei das ungeliebte Kind. Der Versuch bundesdeutscher Handballfachleute, wie Käsler, Singer, Westphal und auch Stenzel, die Erkenntnisse der Trainingsplanung im Handball aufzuarbeiten, zeigen ermutigende Ansätze. Diese Ergebnisse sind aber oft zu allgemein oder ausschließlich der Spitze vorbehalten.

Dem Trainer der unteren Leistungskategorie bleibt oft nur der hilflose Versuch, mit den widrigen Voraussetzungen einer systematischen Planung fertig zu werden. Gültige Rezepte kann es nicht geben, es können nur Hilfen sein, die als Rahmenbedingungen den Realitäten aller Trainingsgegebenheiten anzupassen sind. Dafür sind die Voraussetzungen und Bedingungen in jeder Mannschaft einfach zu unterschiedlich. Die Trainingsplanung für eine Bundesligamannschaft nach trainingswissenschaftlichen Erkenntnissen der Leichtathletik zu machen, ist genauso unsinnig, wie Training in einer Kreisklassenmannschaft nach einem Bundesligaplan durchzuführen.

Unabdingbare Forderung ist es, alle Probleme der trainingsmäßigen Betreuung von Handballmannschaften, die ihren Sport leistungsmäßig betreiben möchten, unter dem Gesichtspunkt einer systematischen Trainingsplanung aufzubereiten.

Schnelles Reagieren...

...Beweglichkeit und Disziplin zeichnen dieses spannende Mannschaftsspiel aus. Bei einer anderen Tätigkeit, der sich viele Menschen mit großer Intensität verschrieben haben, dem Sparen, geht es gelassener zu. Aber auch sie erfordert Geduld und Selbstdisziplin.
Letztlich zählt bei beiden der Erfolg.

Pfandbrief und Kommunalobligation

Meistgekaufte deutsche Wertpapiere - hoher Zinsertrag - bei allen Banken und Sparkassen

Verbriefte  Sicherheit

Faktoren der Trainingsplanung 207

Voraussetzungen für die Trainingsplanung

Training verläuft nach Trainingszielen, diese bestimmen Inhalt, Methoden und den Einsatz der Trainingsmittel. Das bedeutet, daß alle diese Faktoren aufeinander abgestimmt werden müssen. Das ist Aufgabe der Trainingsplanung. Darüber hinaus ist die Kenntnis des Bedingungsgefüges einer Trainingsplanung notwendig. Um planen zu können, muß man den idealtypischen Verlauf einer Planung kennen. Idealtypisch heißt, so wie ihn die trainingswissenschaftliche Forschung als allgemeingültiges Konzept entwickelt hat. Spezielle Gültigkeit erlangt die Planung erst, wenn sie die Bedingungen und Voraussetzungen, mit denen jeder Trainer zu tun hat, berücksichtigt.

Das Hauptproblem der Planung ist die Differenzierung, d. h. die Abstimmung des idealtypischen Verlaufs der Planung nach trainingswissenschaftlichem Muster mit den jeweiligen Voraussetzungen der Mannschaft, die man trainiert.

Was kann ein Trainer einer Handballmannschaft mit dem Wissen von Trainingszyklus, Periodisierung, Mikro-, Meso- oder Makrozyklen anfangen, wenn das Umsetzen der Theorie an den Voraussetzungen der Praxis scheitert?

Die Erfahrung zeigt, daß das idealtypische Profil der Trainingsplanung und Periodisierung nur begrenzt anwendbar ist, weil:

- sich Spieler und Trainer auf Beruf und Familie orientieren müssen;
- viele Vereine finanzielle Schwierigkeiten haben, um die teilweise erheblichen Kosten aufzubringen (Trainingslager, Hallenbenutzungen, Fahrgelder u. dgl.);
- Spieler durch erhöhten finanziellen Aufwand überfordert werden;
- die äußeren Bedingungen durch lange Anfahrtswege zum Training, ungenügende Wettkampfstätten, geschlossene Hallen in den Ferien und fehlende ärztliche Betreuung oft mangelhaft sind;
- eine wenig konsequente oder nur sporadische Betreuung der Jugendlichen erfolgt, die für eine höhere Leistungsentwicklung geeignet sind;
- den Spielern aufgrund mangelnder Motivationsanstöße das Engagement für ihre eigene Leistungsentwicklung fehlt;
- bei vielen Trainern die Qualifikation durch Probleme in sportfachlicher, pädagogischer und psychologischer Hinsicht in Frage gestellt werden kann.

Fazit

Die Trainingsplanung hängt von verschiedenen Faktoren ab:
1. Von der Sportart: Individualsportarten werden anders als Mannschaftssportarten geplant, weil beide Bereiche unterschiedliche Wettkampfanforderungen aufweisen.
2. Von den äußeren Bedingungen: dazu gehören die Beschaffenheit und Benutzbarkeit der Trainings- und Wettkampfstätten, die Trainingsmittel, Fahrtwege, Betreuung, die finanziellen Mittel des Vereins und der Spieler.
3. Von den Adressaten: ob es jugendliche, weibliche oder männliche Spieler, Frauen oder Männer sind, dem Leistungsvermögen und der Leistungsbereitschaft, der Motivation der Spieler zu Training und Wettkampf und der Disziplin der Spieler.

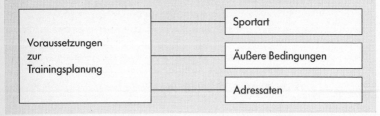

Eine weitere entscheidende Bedingung für die Trainingsplanung ist die Leistungsanalyse. Sie ist für viele Trainer das größte Problem, weil unter anderem die sportmedizinischen Untersuchungen häufig nicht möglich sind und der Trainer sich selbst ein Instrumentarium entwickeln muß, um diese Analyse durchzuführen. Nun sind natürlich nicht die sportmedizinischen Untersuchungsergebnisse maßgebend, aber sie gehören dazu. Viel wichtiger sind bestimmte Kriterien zur Beobachtung und für Testaufgaben, mit deren Hilfe er in der Lage ist, eine Analyse des Leistungsstandes und des Leistungsvermögens von Einzelspielern und der gesamten Mannschaft zu machen.

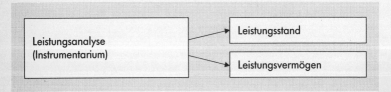

Die Differenz zwischen dem Leistungsstand als *Ist-Wert* und für das Leistungsvermögen als *Soll-Wert* ergibt die Grundlage für die Trainingsplanung. Folgende Punkte kann ein Trainer bei den Spielern (S) oder der gesamten Mannschaft (M) beobachten:
- konditionelle Voraussetzungen (S),
- technische Spielfertigkeiten (S),
- technisch-taktische Fertigkeiten und Fähigkeiten (S),
- soziales Verhalten (S),
- Charakter- und Willenseigenschaften (S),
- taktisches Verständnis (M),
- Gruppendynamik, d. h. das Verhältnis und die Beziehungen der Spieler untereinander (M),
- soziologische Struktur (M),
- psychologisches Verhalten (M).

Die Auswahl der Methoden zur Analyse sind nicht sehr vielfältig. Meistens beschränken sie sich auf die Analyse durch Beobachtung oder durch Testverfahren. Das bedeutet, daß sich der Trainer mit den Fragen zum Beobachtungsinstrumentarium, den Beobachtungsmöglichkeiten, den Kriterien und mit Testverfahren auseinandersetzt. Sind die verschiedenen Daten zusammengetragen, erfolgt Auswertung, Bewertung und Einordnung in den Plan. Die Auswertung bringt Erkenntnisse über:
- Leistungszustand der Spieler,
- Leistungszustand der Mannschaft (hier besonders das taktische Verhalten in Angriff und Abwehr),
- Betreuungsprobleme (Motivation, Disziplin),
- Zeitraum der Planung,
- Trainingsziele in bezug auf technisch-taktische Fertigkeiten,
- Leistungsvermögen der Mannschaft.

Die Entwicklung des Trainingsplanes schließt die Erkenntnisse der Gesetzmäßigkeiten und Regeln des Trainings sowie die Trainingsprinzipien ein. Die Prinzipien, die für die Planung besonders wichtig sind, sollten als Grundlage der Trainingsarbeit gelten. Dazu gehören:

- Das Prinzip der Periodisierung: Periodisierung heißt, das Jahr in verschiedene Perioden oder Phasen aufzuteilen, wie Vorbereitungszeit, Wettkampfzeit, Übergangszeit.
- Das Prinzip der langfristigen Trainingsplanung. Langfristige Trainingsplanung umfaßt Mehrjahrespläne mit Aufbau-, Grundlagen- und Höchstleistungstraining.
- Das Prinzip der Beachtung von allgemeiner und spezieller Ausbildung.
- Das Prinzip von der Entwicklung der Spielfähigkeit auf der Basis von Kondition, Technik und Taktik. Dabei ist die Kondition die Voraussetzung für Technik, Kondition und Technik sind wiederum Grundlage für die Anwendung taktischer Verhaltensweisen.

Die Konkretisierung der Planziele aus den Ergebnissen der Auswertung ist der nächste Schritt. Die Planziele beschreiben das Leistungsvermögen, d. h. den Soll-Wert der Leistungsentwicklung. Dabei kann nur von dem jeweiligen Leistungszustand der Spieler und der Mannschaft ausgegangen werden. Die Festschreibung der Soll-Werte ist problematisch, weil die Entwicklung der Leistung durch nicht vorhersehbare Faktoren gestört werden kann. Ein Beispiel hierfür sind die häufig unerklärbaren Leistungseinbrüche bei einzelnen Spielern oder der gesamten Mannschaft. Das ist durchaus nicht immer negativ zu sehen, denn wenn die menschliche Leistung derart programmierbar wird, daß alles roboterhaft ablaufen kann, gibt es keine Abweichungen, weder nach oben noch nach unten. Damit dürfte auch die Spannung, die nun mal das Salz in der Suppe der Wettspiele ausmacht, verschwinden und sicher auch das Interesse an den Spielen.

Trotzdem ist bei systematischer Durchführung der Trainingsarbeit auf der Grundlage der Planung damit zu rechnen, daß die realistisch geplante Leistung erreichbar ist. Die Leistungskurve verläuft stetig nach oben. In anderen Fällen war die Analyse richtig und die gesetzten Trainingsziele unrealistisch.

Die Leistungsziele bestimmen Inhalte und Methoden des Trainings.

Die Trainingsziele werden unterteilt nach physischen Grundlagen (Kraft, Schnelligkeit, Ausdauer, Beweglichkeit, Koordination), technisch-taktischen Spielfertigkeiten, charakterlichen und willensmäßigen Grundlagen.

Zu den methodischen Überlegungen gehören Termine, Organisation, Einsatz der Trainingsmittel (Geräte, Medien), Lehr- und Lernwege (Vermittlung).

Die Vermittlung, das Lehren und Lernen, beinhaltet Fragen zum Trainingsumfang, zur Trainingsintensität, zur Anwendung von Einzel-, Gruppen- und Mannschaftstraining sowie zu methodischen Formen, wie Wiederholungstraining, Intervalltraining, Wettkampftraining, Spiele, Komplexübungen, gezielte Einzelübungen. Alle diese methodischen Überlegungen werden neben den Trainingszielen in kurz-, mittel- und langfristige Planungen eingeordnet.

Systematik der Trainingsziele

Es ist schon mehrfach darauf hingewiesen worden, daß die Grundlage der Planungen sich insbesondere nach den umfassenden Kenntnissen sämtlicher Faktoren des Spiels richtet. Es ist also notwendig, über die gesamte Breite der Möglichkeiten, die das Handballspiel bietet und durch die es bestimmt wird, Bescheid zu wissen. Das heißt nichts anderes, als sich mit der Systematik aller dieser Fakten vertraut zu machen. Die Systematik der verschiedenen Techniken und Taktiken, einschließlich der konditionellen Faktoren, sind bereits bekannt. Es fehlt zur Abrundung der Systematik der Trainingsziele, die es dem Trainer ermöglicht, seine Planungen umfassend durchzuführen.

Systematik der Trainingsziele 211

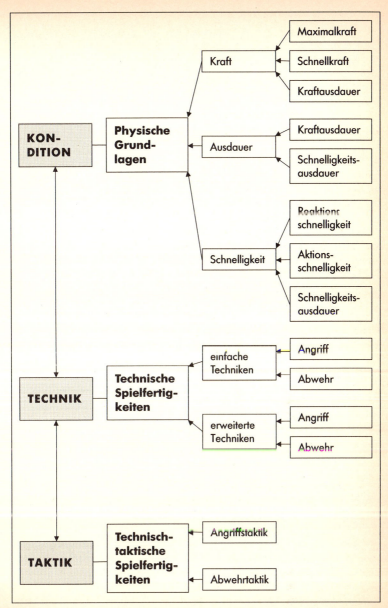

Abb. 18: Systematik der Trainingsziele (ausgewählte Ziele)

Der Trainingsplan

Die Periodisierung des Wettkampfjahres

Der idealtypische Jahresplan sieht eine Dreigliederung in Vorbereitungsperiode, Wettkampfperiode und Übergangsperiode vor. Problematisch ist die Anpassung dieser klassischen Dreiteilung an die realen Bedingungen, die die Planung verändern können. Die Wettkampfsaison dauert ungefähr 7 Monate. Daraus könnte sich folgende Strukturierung ergeben: die Vorbereitungszeit von 4 Monaten, die Wettkampfzeit von 7 Monaten, die Übergangszeit von 1 Monat.

Ein besonderes Problem der Vorbereitungszeit sind die Ferien und Urlaubszeiten in den Sommermonaten. Es ist kein Geheimnis, daß fast alle Mannschaften im Sommer eine längere Pause machen. Es ist trainingswissenschaftlich nicht zu vertreten, denn eine Unterbrechung des Rhythmus der Leistungsentwicklung, gerade in der Vorbereitungszeit, ist in jedem Falle ein Rückschritt. Sie hat aber auch positive Seiten, denn einige Belastungen gleicht die psychische Erholung – das Abschalten vom Handball – wieder aus. Häufig wird nach der Pause mit viel größerer Motivation weiter trainiert als vorher.

So bleiben für die Vorbereitungszeit im günstigsten Falle drei Monate. Aus dieser Erkenntnis sind neue Überlegungen zur Periodisierung anzustellen. Dadurch könnte die Vorbereitungsperiode unter diesen Bedingungen folgendes Aussehen haben:

1. Etappe (VP I) Mai bis Juli,
2. Etappe (VP II) Anfang bis Mitte August,
3. Etappe (VP III) Mitte August bis Beginn der Wettspiele.

Als überdenkenswerter und diskutabler Vorschlag wäre die Überlegung, eine 4. Etappe anzuschließen, die in die Wettkampfperiode hineinreicht und ungefähr bis zum Abschluß der ersten Halbserie dauern könnte. Sie verläuft damit parallel zur 1. Halbzeit der Wettkampfsaison. Das hat den Vorteil, daß die Vorbereitung aufgrund der genannten Schwierigkeiten nicht so abrupt abgeschlossen werden muß. Gerade bei den unteren Mannschaften ist kaum eine 2. und 3. Etappe der Vorbereitung möglich, weil durch die unterschiedliche Ferienregelung in den Bundesländern häufig Beginn der Wettkämpfe mit dem Ferienende zusammenfallen. Jede Etappe hat bestimmte Trainingsziele, welche aus der Gesamtzielsetzung, die sich wiederum aus der Analyse zu den Ist- und Soll-Werten der Leistungsentwicklung ergeben, resultieren.

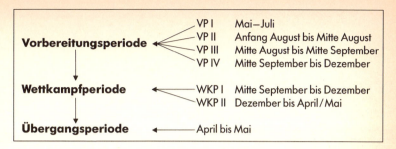

Die Feingliederung der Perioden

Mit der Jahresperiodisierung in die drei Abschnitte Vorbereitungsperiode, Wettkampfperiode und Übergangsperiode ist noch keine vollständige Planung durchzuführen, denn diese Grobplanung reicht nicht aus, um die vielen Aufgaben, die besonders in der Vorbereitung der Wettkampfsaison anstehen, zu lösen.

Wie die Vorbereitungsperiode aufgrund der schwierigen Voraussetzungen unterteilt werden kann, zeigt die Abbildung oben zur Periodisierung.

Eine weitere Differenzierung in Nebenetappen bis hin zu den Trainingseinheiten ist notwendig. Jede Etappe hat festgelegte Trainingsziele. Das bedeutet aber nicht, daß mit der zeitlichen Erledigung einer bestimmten Etappe auch die Trainingsziele dieser Etappen zu den Akten gelegt werden, denn jedes Trainingsziel ist auch zugleich Grundlage für die folgenden. Sie bilden eine Einheit und werden schwerpunktartig aufeinander aufgebaut. In ihrer Gesamtheit bilden sie das umfassende Ziel einer Jahresperiode und darüber hinaus auch Grundlage folgender Jahresperioden.

Die entscheidende Phase für die Leistungsentwicklung ist die Vorbereitungsperiode. Sie legt die Grundlagen für die Kondition, die technisch-taktischen Voraussetzungen des Spiels und die taktischen Bereiche der Wettspiele. Darum ist die Forderung berechtigt, diese Periode zeitlich nicht nur möglichst weit auszudehnen, sondern auch vor allen Dingen intensiv zu gestalten.

Die Probleme sind klar. Den tiefsten Einschnitt verursachen Ferien und Urlaub, die fast in der Mitte der Vorbereitungszeit liegen. Das andere Problem ist die relativ lange Wettkampfsaison, die zwischen 7 und 8 Monaten dauert. Eine kurze Vorbereitung geht zu Lasten der langen Wettkampfzeit, und ein rapider Abbau der Leistung mit zunehmender Wettspielzeit ist die Folge. Darum auch der Vorschlag, die Vorbereitung bis in die 1. Etappe der Wettkampfperiode auszudehnen.

Diese Überlegung ist bei allen den Mannschaften wichtig, die zum einen durch die zeitlichen Schwierigkeiten und zum anderen durch große Defizite in ihrer Leistungsentwicklung behindert sind. Ungeachtet der Probleme, die während der Wettkämpfe auftauchen und deren Beseitigung dann meistens von Spiel zu Spiel ein Hauptinhalt des Trainings bilden, sollten die Leistungsentwicklungsprogramme, wie sie vor der Saison geplant wurden, weitergeführt werden.

Die Vorbereitungszeit bleibt neben der Wettkampfzeit, in der die erarbeiteten Fertigkeiten und Fähigkeiten umgesetzt und angewendet werden sollen, die wichtigste Periode. Sie wird so geplant, daß der Erfolg garantiert bleibt. Das bedeutet, daß Organisation und Durchführung mit äußerster Konsequenz betrieben werden sollten. Eine schlechte Vorbereitung bringt mit Sicherheit kaum Erfolge in den Wettspielen.

Die Wettkampfperiode ist geprägt durch eine Zweiteilung mit Hin- und Rückserie bei den Punktspielen und weiteren Höhepunkten durch die Pokalspiele auf allen Landesebenen bis hin zur DHB-Runde. In dieser Phase kommt es darauf an, den erreichten Trainingszustand zu erhalten oder zu verbessern. Die Trainingsziele verändern sich in Richtung Stabilisierung und zum Teil durch die Weiterentwicklung neuer Ziele.

Wichtig ist der Erhalt der Kondition, d. h. der körperlichen Voraussetzungen. Durch das Absinken der Trainingshäufigkeit (Anzahl der Trainingseinheiten in der Woche) kann es schnell zum Leistungsabbau kommen. Dieser Abbau kann nur durch eine Erhöhung des Trainingsumfanges und der Trainingsintensität aufgefangen werden, wenn eine Erhöhung der Trainingshäufigkeit nicht möglich ist. Praktisch bedeutet das, in der Trainingseinheit wird intensiver, härter und wenn möglich auch länger trainiert. So läßt sich eine Kompensation zur Vorbereitung teilweise erreichen. Eine andere Möglichkeit, dem Leistungsabbau entgegenzuwirken, wäre es, zum Beispiel zur Halbzeit der Saison erneut eine höhere Belastungsphase als Vorbereitung für die zweite Hälfte der Wettkampfsaison einzulegen. Da die Phase zwischen beiden Teilen meistens nicht sehr lang ist, muß eine andere Form der Belastung gewählt werden. Das bietet sich mit einem Trainingslager an.

Die Übergangsperiode bildet den Abschluß des Jahresplanes und dauert zwischen 2 und 4 Wochen. Sie ist keine eigentliche Pause im Training, sie erfüllt statt dessen andere Aufgaben:

- aktive physische und psychische Erholung durch Betreiben anderer Sportarten,
- Bewältigung von Erfolg und Mißerfolg,
- Schaffung neuer Motivation für die nächste Saison,
- individuelle Betreuung einzelner Spieler, insbesondere beim Beheben motorischer Defizite,
- Erhalten des Leistungsniveaus auf einem niederen Stand durch verringerten Umfang und verringerter Intensität in den Übungsfolgen,
- Einbau neuer Spieler in die Mannschaft.

Planung in Trainingsabschnitten

Neben der Grob- und Feingliederung der Perioden erfolgt eine weitere Differenzierung in Trainingsabschnitte. Diese sogenannten Trainingsabschnitte sind die Grundlage einer genauen inhaltlichen Planung. Der kleinste Abschnitt ist die Trainingseinheit.

Eine Zusammenfassung von mehreren Trainingseinheiten ergibt einen Mikrozyklus, d. h. eine kurze Folge. Der Mikrozyklus umfaßt die Trainingseinheiten einer Woche. Mehrere Mikrozyklen ergeben einen Makrozyklus, d. h. eine längere Folge von Trainingseinheiten, die mehrere Wochen dauern kann. Jede Etappe enthält wiederum mehrere Makrozyklen.

Trainingseinheiten

Mikrozyklus	(2 bis 8 TE)
Makrozyklus	(4 bis 5 Mikrozyklen)
Etappe	(mehrere Makrozyklen)

Für alle Makrozyklen gilt:
1. Trainingsziele, Trainingsmethoden und zeitliche Abfolge zur Intensität und des Umfanges sowie
2. Auswahl der Übungsformen (Übungsketten) vorher bestimmen.
3. Die Schwerpunkte werden in den Trainingseinheiten vermischt («roter Trainingsfaden») und ständig kontrolliert.

Anhang

Literaturhinweise

Baier, H./Müller, H. J./Schuster, K./Suter, H.: Abwehrschulung. In: Müller, H. J.: Beiträge zur Trainings- und Wettkampfentwicklung im Hallenhandball. Saarbrücken 1979.

Barth, B./Kirchgässer, H.: Trainingsmethodische Ansätze zur zielgerichteten Entwicklung des Zweikampfverhaltens unter dem besonderen Gesichtspunkt der «Situationsangemessenheit». In: Theorie und Praxis der Körperkultur 31 (1982), H. 9, 674–679.

Boeckh, W.-U./Zieschang, K.: richtig handballspielen. München 1980.

Donskoi, D. D.: Grundlagen der Biomechanik. Berlin (DDR) 1975.

Duell, H./Eysser, W./Späte, D.: Situationsgerechtes Entscheidungsverhalten im Angriff. Handball Spezial, Band 2. Münster 1981.

Duell, H./Klein, G.: Mini-Handball. Berlin 1979.

Cercel, P.: Handballtraining. Berlin (DDR) 1984.

Döbler, E./Döbler, H.: Kleine Spiele. Berlin (DDR) 1975.

Eigenmann, P.: Handball-Grundschule. Schorndorf 1978.

Eysser, W.: Zur Entwicklung und methodischen Einführung von Angriffskonzeptionen bei Leistungsmannschaften. In: Lehre und Praxis des Handballspiels 4 (1982), H. 3, 21–24.

Eysser, W./Sassenberg, K.: Tätigkeiten. In: Beiträge zur Trainings- und Wettkampfentwicklung im Hallenhandball. (Hg. Müller, H. J.) Band 19. Saarbrücken 1979, 47–56.

Eysser, W./Späte, D.: Die «Spielkonzeption Angriff» als Leitlinie einzel-, gruppen- und mannschaftstaktischer Angriffshandlungen. In: Klein, G./Späte, D. (Hg.): Handball Spezial, Band 2. Münster 1981, 38–66.

Farfel, W. S.: Bewegungssteuerung im Sport. Berlin (DDR) 1977.

Fetz, F./Kornexl, E.: Sportmotorische Tests. Berlin 1978.

Fischer, G.: Handball in der Schule. Berlin 1982.

Literatur

Grosser, M./Starischka, S.: Konditionstests. Theorie und Praxis aller Sportarten. München 1981.
Hagedorn, G.: Training im Mannschaftsspiel. Berlin 1981.
Hagedorn, G.: Spielen. Praxis und Theorie. Reinbek bei Hamburg 1987.
Harre, D.: Trainingslehre. Berlin (DDR) 1979.
Hochmuth, G.: Biomechanik sportlicher Bewegungen. Berlin (DDR) 1974.
Hinrichs, H.-U.: Sportverletzungen. Erkennen, Helfen, Vorbeugen. Reinbek bei Hamburg 1986.
Hollmann, W./Hettinger, Th.: Sportmedizin-, Arbeits- und Trainingsgrundlagen. Stuttgart ^{2}1980.
Hattig, F./Hattig, P.: Handball. Niederhausen/Taunus 1978.
Jans, R.: Die Bedeutung gruppentaktischer Angriffsmaßnahmen im Hallenhandball. Hamburg 1983, 29 (unveröffentlicht).
Jonath, U.: Circuittraining. Reinbek bei Hamburg 1985/1987^2.
Jonath, U./Krempel, R.: Konditionstraining. Reinbek bei Hamburg 1981/1987^5.
Jonath, U. (Hg.): Lexikon Trainingslehre. Reinbek bei Hamburg 1988.
Käsler, H.: Handball. Schorndorf 1980.
Klein, G.: Zum Angreiferverhalten im Hallenhandball. In: Deutscher Sportbund (Hg.): Hallenhandball. Beiheft zu Leistungssport 13, Berlin 1978, 33–79.
Klein, G./Späte, D.: Passive Täuschungen im Handball (Teil 1 und 2). In: Lehre und Praxis des Handballspiels 3 (1981), H. 2, 7–14; H. 3, 25–28.
Klein, G./Stossberg, B./Tiedt, W.: Gymnastikprogramme. Handball Spezial, Bd. 7, Münster 1986.
Klein, G./Späte, D.: Täuschungshandlungen im Sportspiel. In: Leistungssport 11 (1981), H. 6, 450–457.
Klein, G./Schubert, R.: Torwarttraining I. Handball Spezial, Bd. 4. Münster 1981.
Klussow, N. P.: Handballtechnik. Berlin (DDR) 1986.
Knebel, K.-P.: Funktionsgymnastik. Reinbek bei Hamburg 1985/1988^5.
Konzag, G./Konzag, I.: Übungsformen für die Sportspiele. Berlin (DDR) 1975.
Kornexl, E./Fetz, F.: Sportmotorische Tests. Berlin 1978.
Kreisel, W.: Zur Anwendung von taktischen Standards. In: *Weichert, W.:* Handball. Schorndorf 1978, 128–131.
Kuchenbecker, B. (Red.): Hallenhandball-Abwehrsysteme. Berlin 1974.
Letzelter, H. u. M.: Krafttraining. Theorie, Methoden, Praxis. Reinbek bei Hamburg 1986.
Letzelter, M.: Trainingsgrundlagen. Reinbek bei Hamburg 1978/1987^9.
Marées de, H.: Sportphysiologie. Köln ^{2}1979.
Markworth, P.: Sportmedizin 1. Reinbek bei Hamburg 1983/1988^4.
Martin, D.: Grundlagen der Trainingslehre. Teil I. Schorndorf 1979.
Martin, D.: Grundlagen der Trainingslehre. Teil II. Schorndorf 1980.
Matschoß, J.: Trainingsprogramme zur Schulung und Verbesserung der koordinativen Fähigkeiten. In: Deutsche Handballwoche, Trainer-Praxis 3 (1985), H. 30.
Matwejew, L. P.: Grundlagen des sportlichen Trainings. Berlin (DDR) 1981.
Meinel, K.: Bewegungslehre. Berlin (DDR) 1976.
Meinel, K./Schnabel, G.: Bewegungslehre – Sportmotorik. Berlin (DDR) 1987.
Mühlfriedel, B.: Trainingslehre. Frankfurt a. M. 1979.
Müller, H. J. (Red.): Beiträge zur Trainings- und Wettkampfentwicklung im Hallenhandball. Div. Bände. Saarbrücken.

Mraz, J./Schädlich, G.: Hallenhandball Teil 1: Zum Angriffsverhalten. Berlin 1972.
Mraz, J./Schädlich, G.: Hallenhandball Teil 2: Zum Abwehrverhalten. Berlin 1977.
Martini, K.: Handball. Technik – Taktik – Methodik. München 1980.
Rapp, G./Schoder, G.: Motorische Testverfahren. Stuttgart 1977.
Restorff, J.: Schulung der Wahrnehmungsfähigkeit in Angriff und Abwehr. In: Deutsche Handballwoche, Trainer-Praxis 3 (1985), H. 31.
Schmidt, W. D.: Probleme der technisch-taktischen Ausbildung zur Entwicklung der Spielfähigkeit im Handball. In: Körpererziehung 31 (1981), H. 4, 157–162.
Schubert, R./Herz, W./Kuhlmann, D./Treptow, U.: Handballkartothek II. Bielefeld 1982.
Singer, E.: Hallenhandball. Stuttgart 1979.
Singer, E.: Spielschule Hallenhandball. Stuttgart 1973.
Singer, E.: Der Torwart im Hallenhandball. Böblingen 1983.
Späte, D.: Entscheidungsverhalten des Angriffsspielers im Rahmen der Mannschaftstaktik (Teil 1). In: Lehre und Praxis des Handballspiels 2 (1980), H. 6, 3–10.
Späte, D.: Einführung und Schulung einer Angriffskonzeption bei Jugendmannschaften. In: Lehre und Praxis des Handballspiels 4 (1982), H. 3, 25–28.
Späte, D.: Wahrnehmungs- und Entscheidungsfähigkeit – verbesserungswürdig und verbesserungsfähig. In: Lehre und Praxis des Handballspiels 3 (1981), H. 4, 21–27.
Späte, D.: Das Blocken von Torwürfen als Hauptwaffe zukünftiger Abwehrtaktik. In: Lehre und Praxis des Handballspiels 3 (1981), H. 4, 48–63.
Späte, D./Wilke, G.: Antizipatives Abwehrspiel. In: *Klein, G./Späte, D.* (Hg.): Handball Spezial, Band 1. Münster 1981.
Stein, H. G./Federhoff, E.: Handball. Berlin (DDR) 1983.
Sölveborn, S. A.: Stretching. München 1982.
Syer, J./Connolly, C.: Psychotraining für Sportler. Reinbek bei Hamburg 1987/1988[2].
Trosse, H.-D.: Test als Mittel der Trainingsplanung. In: Deutsche Handballwoche, Trainer-Praxis 1 (1983), H. 9.
Trosse, H.-D.: Test in der Trainingsplanung (II). In: Deutsche Handballwoche, Trainer-Praxis 1 (1983), H. 10.
Trosse, H.-D.: Test in der Trainingsplanung (III). In: Deutsche Handballwoche, Trainer-Praxis 1 (1983), H. 11.
Trosse, H.-D.: Trainingslehre – Handball I. Berlin 1985.
Vick, W./Busch, H./Fischer, G./Koch, R.: Schulung des Hallenhandballs. 2 Bände. Berlin 1972.
Weineck, J.: Optimales Training. Erlangen 1980.
Willimczik, K./Roth, K.: Bewegungslehre. Grundlagen, Methoden, Analysen. Reinbek bei Hamburg 1983.

Der Autor

Hans-Dieter Trosse, Jahrgang 1935, ist Wissenschaftlicher Oberrat und Dozent am Fachbereich Sportwissenschaft der Universität Hamburg. Nach dem Studium (Körpererziehung/Geographie) in Potsdam von 1953 bis 1958 Lehrer in Perleberg. Seit 1960 in Hamburg. Über die Referendarausbildung zum Studienrat an einem Hamburger Gymnasium. Ab 1969 am Fachbereich Sportwissenschaft mit den Schwerpunkten Sportspiele und Trainingslehre tätig.

Spieler- und Trainerlaufbahn: Aktiver Spieler in der DDR-Ligamannschaft von Wissenschaft Potsdam (1954–1958), anschließend bis 1960 Spielertrainer bei Dynamo Perleberg. In der Bundesrepublik zunächst bei Viktoria Hamburg, dann bei DUWO 08 Hamburg. Von 1970 bis 1972 Trainer bei St. Georg (zweimal Hamburger Meister und Aufstieg in die Regionalliga). Von 1972 bis 1976 Trainer der bundesdeutschen Studentenauswahl. 1974 Sprecher des Fachbeirats des ADH. Von 1973 bis 1976 Trainer des Regionalligisten Fredenbeck, 1976/77 Trainer der Bundesligafrauenmannschaft von Union 03 Hamburg. 1977 bis 1980 Trainer beim Oberligisten AMTV Hamburg, 1980 bis 1982 Trainer bei der SG VTB Altjührden (Aufstieg mit dieser Mannschaft 1982 in die 2. Bundesliga).

Von 1972 bis 1982 Trainer der Hamburger Studentenauswahl. 1976/77 mit dieser Mannschaft Deutscher Meister der Hochschulen und Universitäten. Von 1982 bis 1984 Trainer des Verbandsligisten Altenwalde.

Seit 1984 Lehrwart des Hamburger Handballverbandes und verantwortlich für die Trainerausbildung in Hamburg. Seit 1983 verantwortlicher Schriftleiter der «Trainer-Praxis» in der «Deutschen Handballwoche». Ebenfalls Schriftleiter und Herausgeber des «Hamburger-Trainer-Briefes» seit 1984. Zahlreiche Veröffentlichungen in Fachzeitschriften.

Abkürzungsverzeichnis

LA	Spieler links außen	**HR**	Spieler halb rechts
RA	Spieler rechts außen	**HL**	Spieler halb links
RL	Rückraumspieler links	**IL**	Spieler innen links
RM	Rückraumspieler Mitte	**IR**	Spieler innen rechts
RR	Rückraumspieler rechts	**VR**	Spieler vorne Mitte
KM	Kreisspieler Mitte	**HM**	Spieler hinten Mitte
TW	Torwart	**GS**	Gegenstoß
T	Trainer	**EGS**	erweiterter Gegenstoß
A	Abwehrspieler	**GRS**	Grundsituation
AR	Spieler außen rechts	**STD**	Standardsituation
AL	Spieler außen links	**BL**	Block

Arbeitsräume – Bewegungsräume

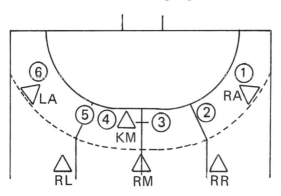

Zeichenerklärungen

Spieler

△ = Angriffsspieler

△∘ = Angriffsspieler mit Ball

◯ = Torwart

T = Trainer

◯ Abwehrspieler

② Numerierung der Abwehrspieler

Ball – Ballwege

-----▶ = Ballweg

◀-----▶ = Ballweg hin und zurück

∼∼∼▶ = Ballweg mit Tippen

=/=▶ = Torwurf / angetäuscht

Laufwege

△—▶ = Angriffsspieler

△---▶ = Angriffsspieler mit Ball

△∼∼▶ = Prellen

△⋀▶ = Sprungwurf

◯] = Sperren

—(= Einfaches Täuschen ohne Ball

◯—▶ = Abwehrspieler

◯⇄◯ = Abwehrspieler übernehmen / übergeben

◯∼∼▶ = Abwehrspieler Seitwärtsschritte